Sistema portatile di misurazione

Arduino

Yasmin Mahira Saiful Munir
Teddy Surya Gunawan
Mira Kartiwi

Sistema portatile di misurazione della qualità dell'aria esterna con Arduino

ScienciaScripts

This book is a translation from the original published under ISBN 978-3-330-08717-0.

Publisher:
Sciencia Scripts
is a trademark of
Dodo Books Indian Ocean Ltd. and OmniScriptum S.R.L publishing group

120 High Road, East Finchley, London, N2 9ED, United Kingdom
Str. Armeneasca 28/1, office 1, Chisinau MD-2012, Republic of Moldova, Europe

ISBN: 978-620-7-27366-9

ABSTRACT

Il recente verificarsi della foschia in Malesia ha reso il pubblico più consapevole della qualità dell'aria che lo circonda. Questo perché l'inquinamento atmosferico può causare gravi effetti sulla salute umana e sull'ambiente. L'indice di inquinamento atmosferico (API) in Malesia è misurato dal Dipartimento dell'Ambiente (DOE) utilizzando stazioni di monitoraggio stazionarie e costose, chiamate stazioni di monitoraggio continuo della qualità dell'aria (CAQM), che vengono collocate solo in aree ad alta densità di popolazione e ad alta attività industriale. Inoltre, la Malesia non ha incluso il particolato di dimensioni inferiori a 2,5 pm (PM2,5) nel sistema di misurazione API. In questo libro presentiamo un sistema di misurazione della qualità dell'aria portatile ed economico che utilizza il microcontrollore Arduino Uno e quattro sensori a basso costo. Questo dispositivo consente di misurare l'API in qualsiasi luogo si desideri. È in grado di misurare la concentrazione di monossido di carbonio (CO), ozono a livello del suolo (O3) e particolato (PM10 e PM2,5) nell'aria e di convertire le letture in valori API. Questo sistema è stato testato confrontando l'API misurato da questo dispositivo con l'API attuale misurato dal DOE in diverse località. Sulla base dei risultati dell'esperimento, questo sistema di misurazione della qualità dell'aria si è dimostrato affidabile ed efficiente.

INDICE DEI CONTENUTI

ELENCO DELLE ABBREVIAZIONI

API	Air Pollutant Index
CO	Carbon monoxide
O_3	Ozone
NO_2	Nitrogen dioxide
SO_2	Sulfur dioxide
$PM_{2.5}$	Particulate matter with the size of less than $2.5\mu m$
PM_{10}	Particulate matter with the size of less than $10\mu m$
CAQMs	Continuous Air Quality Monitoring station
DOE	Department of Environment
ppm	Parts per million

CAPITOLO 1

INTRODUZIONE

1.1 PANORAMICA

Oggi è molto importante che le persone siano consapevoli della qualità dell'aria che le circonda. Dovrebbero sapere se stanno respirando aria pulita o aria inquinata. Secondo il professor Michael Bauer della University of British Columbia (UBC), infatti, l'inquinamento atmosferico è al quarto posto tra i fattori di rischio di morte a livello mondiale. Nel 2013, i ricercatori della UBC hanno dichiarato che circa 3 milioni di persone in Asia sono morte per malattie associate all'inquinamento atmosferico (Bhattacharya, 2016). L'inquinamento atmosferico può causare gravi effetti sulla salute, come infezioni respiratorie e malattie cardiovascolari. Inoltre, l'inquinamento atmosferico ha anche effetti negativi sull'ambiente, che alla fine si traducono in riscaldamento globale e cambiamenti climatici.

La qualità dell'aria in Malesia è misurata da stazioni di monitoraggio continuo della qualità dell'aria (CAQM) collocate in determinate località dal Dipartimento dell'Ambiente (DOE) della Malesia. Viene determinata misurando la concentrazione degli inquinanti atmosferici e calcolando il livello di indice degli inquinanti. La Malesia utilizza l'indice di inquinamento dell'aria (API) per determinare la qualità dell'aria. Diversi Paesi hanno indici di qualità differenti, ad esempio gli Stati Uniti e la Cina utilizzano l'Indice di qualità dell'aria (AQI), il Canada e Hong Kong l'Indice di qualità dell'aria per la salute (AQHI), Singapore l'Indice degli standard inquinanti (PSI) e l'Europa l'Indice comune di qualità dell'aria (CAQI).

1.2 SIGNIFICATO DELLA RICERCA

L'importanza di questa ricerca è quella di determinare la qualità dell'aria esterna in tempo reale misurando il valore API. Le attuali stazioni di monitoraggio della qualità dell'aria sono collocate principalmente in aree ad alta densità di popolazione e ad alta attività industriale in tutta la Malesia. Questo perché il costo di costruzione di una stazione di monitoraggio è molto elevato. Inoltre, il DOE sta attualmente studiando altre alternative per espandere la

4

copertura delle stazioni di monitoraggio esistenti. Pertanto, questo studio può contribuire allo sviluppo delle attuali stazioni di monitoraggio della qualità dell'aria in Malesia.

1.3 DICHIARAZIONE DEL PROBLEMA

Questo studio si concentra sulla progettazione e sull'implementazione di un dispositivo in grado di misurare la qualità dell'aria esterna determinando il valore API. La qualità dell'aria esterna in Malesia è misurata dal DOE, in stazioni di monitoraggio in tutto il Paese. Tuttavia, sono state costruite solo 52 stazioni di monitoraggio in tutta la Malesia. Le stazioni di monitoraggio sono collocate in luoghi ad alta densità di popolazione e ad alta attività industriale. Per questo motivo, alcune aree prive di stazioni di monitoraggio possono dipendere solo dal valore API della località vicina, che può essere meno accurato.

Inoltre, le attuali stazioni di monitoraggio in Malesia non includono le letture di $PM2{,}5$ nelle misurazioni API. La maggior parte dei Paesi, come Singapore, Indonesia, Corea del Sud e altri, ha già incluso il $PM2{,}5$ nel proprio sistema di misurazione API, poiché è più dannoso del $PM10$.

Pertanto, è necessario un dispositivo mobile ed economico per misurare la qualità dell'aria nelle aree che non dispongono di stazioni di monitoraggio e per migliorare l'attuale sistema di misurazione della qualità dell'aria in Malesia. In questo modo, tutti i malesi saranno informati e consapevoli della qualità dell'aria che li circonda.

1.4 OBIETTIVI

Questo studio è stato condotto per raggiungere i seguenti obiettivi:

1. Progettare un sistema di misurazione della qualità dell'aria esterna portatile ed economico.

2. Misurare la qualità dell'aria utilizzando i parametri dei gas e convertirli in valori sub-API.

3. Classificare lo stato di qualità dell'aria in base al valore API.

1.5 METODOLOGIA

Le metodologie di ricerca per questo studio sono:

- Revisione della letteratura.

- Esaminare i sensori di qualità dell'aria che possono essere utilizzati nel sistema.

- Proposta di un sistema di misurazione della qualità dell'aria.

- Valutare le prestazioni del sistema.

1.6 AMBITO DI APPLICAZIONE

T questo studio si concentra sul modo di determinare lo stato della qualità dell'aria misurando la concentrazione degli inquinanti atmosferici e calcolando il valore API di un luogo utilizzando un dispositivo portatile ed economico.

1.7 ORGANIZZAZIONE DEL LIBRO

Il resto del libro è organizzato come segue. Il capitolo due illustra la revisione della letteratura. Il terzo capitolo approfondisce la metodologia descritta. Il capitolo quattro comprende i risultati e l'analisi e il capitolo cinque conclude il libro.

CAPITOLO 2

REVISIONE DELLA LETTERATURA

2.1 PANORAMICA

La qualità dell'aria può essere definita come lo stato attuale dell'aria intorno a noi. Lo stato della qualità dell'aria in Malesia è determinato utilizzando l'API della Malesia come indicazione. I dati sulla qualità dell'aria o le concentrazioni di inquinanti atmosferici sono ottenuti dai CAQM.

Prima di utilizzare l'API come indicatore, la Malesia utilizzava il Malaysian Air Quality Index (MAQI) per classificare lo stato della qualità dell'aria, poi cambiato in API per facilitare il confronto con i Paesi ASEAN (Mahanijah, Rozita, & Ruhizan, 2006). L'API in Malesia è stato sviluppato per seguire il sistema PSI (Pollutant Standard Index), regolamentato dall'Agenzia per la protezione dell'ambiente degli Stati Uniti (USEPA).

L'API è calcolato sulla base delle Linee guida per la qualità dell'aria in Malesia (MAAG), che corrispondono agli standard di qualità dell'aria raccomandati dall'Organizzazione Mondiale della Sanità (OMS) e da altri Paesi. Recentemente, la Malesia ha stabilito nuovi standard di qualità dell'aria ambiente per sostituire le MAAG. Il nuovo standard ha aggiunto un nuovo inquinante, il particolato di dimensioni inferiori a 2,5 pm (PM2,5), agli inquinanti già esistenti che sono il monossido di carbonio (CO), l'ozono (O3), il biossido di azoto (NO2), il biossido di zolfo (SO2) e il particolato di dimensioni inferiori a 10 pm (PM10).

2.2 INDICE DI INQUINAMENTO ATMOSFERICO (API)

L'API è stato istituito per fornire al pubblico informazioni di facile comprensione sul livello di inquinamento dell'aria. L'API in Malesia è calcolato sulla base dei nuovi standard di qualità dell'aria ambiente in Malesia. La Tabella 2.1 mostra i valori API e le relative indicazioni.

Gli standard di qualità dell'aria ambiente sono utilizzati per determinare ogni inquinante e le loro concentrazioni, alle quali diventano pericolose per la salute umana e l'ambiente (Afroz, Hassan, & Akma, 2003). Gli standard si concentrano sulla salute pubblica, in particolare sulla salute di gruppi di persone vulnerabili come i bambini, gli asmatici e gli anziani, nonché sul benessere pubblico, che comprende i danni agli animali, alle colture, alle risorse acquatiche e agli edifici.

I nuovi standard di qualità dell'aria ambiente hanno introdotto 3 obiettivi intermedi: l'obiettivo intermedio 1 (IT-1) nel 2015, l'obiettivo intermedio 2 (IT-2) nel 2018 e la piena attuazione dello standard nel 2020. La qualità dell'aria ambiente di ciascun inquinante e gli obiettivi intermedi sono riportati nella Tabella 2.2.

Tabella 2.1 Valori API con indicazioni e descrizione (APIMS, n.d.)

API	COLOR INDICATION
Below 50	**GOOD** Low pollution. No bad effect on health.
51- 100	**MODERATE** Moderate pollution. It does not cause any bad effect on health.
101- 200	**UNHEALTHY** Worsen the health condition of high risk people (people with heart and lung problems).
201- 300	**VERY UNHEALTHY** Worsen the health condition and low tolerance of physical exercise to high risk people. Affect public health.
More than 300	**HAZARDOUS** Hazardous to high risk people and public health.

Tabella 2.2 Nuovo standard di qualità dell'aria ambiente della Malesia (DOE, n.d.)

Pollutants	Averaging Time	Ambient Air Quality		
		IT-1 (2015)	IT-2(2018)	Standard (2020)
		$\mu g/m^3$	$\mu g/m^3$	$\mu g/m^3$
Carbon monoxide (CO)	1 hour	35 (mg/ m^3)	35 (mg/ m^3)	30 (mg/ m^3)
	8 hours	10 (mg/m^3)	10 (mg/m^3)	10 (mg/m^3)
Ozone (O_3)	1 hour	200	200	180
	8 hours	120	120	100
Nitrogen dioxide (NO_2)	1 hour	320	300	280
	8 hours	75	75	70
Sulfur dioxide (SO_2)	1 hour	350	200	250
	24 hours	105	90	80
PM_{10}	24 hours	150	120	100
	1 year	50	45	40
$PM_{2.5}$	24 hours	75	50	35
	1 year	35	25	15

Sebbene il PM2,5 sia incluso nei Nuovi standard di qualità dell'aria, i CAQM esistenti non avevano ancora le attrezzature per misurare l'inquinante. Secondo il Ministro delle Risorse Naturali e dell'Ambiente, Datuk Seri Dr. Wan Junaidi, le stazioni di misurazione del PM2,5 saranno completate e messe in funzione nel 2017 (Azizi, 2015).

Secondo il DOE (2000), l'API viene calcolato in base ai valori del sottoindice (sub-API) per tutti gli inquinanti indicati nella Tabella 2.2. Il sub-API è calcolato in base alla concentrazione di inquinanti ottenuta dai CAQM per quel particolare periodo di tempo.

Il calcolo dei sub-API per ogni inquinante può essere formulato come segue:

$$SubAPI_{CO} = \begin{cases} C_{co} \times 11.11111, & C_{co} < 9 \text{ ppm} \\ 100+(C_{co}-9) \times 16.66667, & 9 \text{ ppm} < C_{co} < 15 \text{ ppm} \\ 200+(C_{co}-15) \times 6.6667, & 15 \text{ ppm} < C_{co} < 30 \text{ ppm} \\ 300+(C_{co}-30) \times 10, & C_{co} > 30 \text{ ppm} \end{cases} \quad (2.1)$$

Where C_{co} is the concentration of CO.

$$SubAPI_{O3} = \begin{cases} C_{O_3} \times 1000, & C_{O_3} < 0.2 \text{ ppm} \\ 200+(C_{O_3}-0.2) \times 500, & 0.2 \text{ ppm} < C_{O_3} < 0.4 \text{ ppm} \\ 300+(C_{O_3}-0.4) \times 1000, & C_{O_3} > 0.4 \text{ ppm} \end{cases} \quad (2.2)$$

Where C_{O_3} is the concentration of O_3.

$$SubAPI_{NO2} = \begin{cases} C_{NO_2} \times 588.24, & C_{NO_2} < 0.17 \text{ ppm} \\ 100+(C_{NO_2}-0.17) \times 232.56, & 0.17 \text{ ppm} < <0.6 \text{ ppm} \\ 200+(C_{NO_2}-0.6) \times 166.67, & 0.6 \text{ ppm} < C_{NO_2} < 1.2 \text{ ppm} \\ 300+(C_{NO_2}-1.2) \times 250, & C_{NO_2} > 1.2 \text{ ppm} \end{cases} \quad (2.3)$$

Where C_{NO_2} is the concentration of NO_2.

$$SubAPI_{SO2} = \begin{cases} C_{SO_2} \times 2500, & C_{SO_2} < 0.04 \text{ ppm} \\ 100+(C_{SO_2}-0.04) \times 384.61, & 0.04 \text{ ppm} < C_{SO_2} < 0.3 \text{ ppm} \\ 200+(C_{SO_2}-0.04) \times 333.33, & 0.3 \text{ ppm} < C_{SO_2} < 0.6 \text{ ppm} \\ 300+(C_{SO_2}-0.6) \times 500, & C_{SO_2} > 0.6 \text{ ppm} \end{cases} \quad (2.4)$$

Where C_{SO_2} is the concentration of SO_2.

$$SubAPI_{PM} = \begin{cases} C_{PM}, & C_{PM} < 50 \text{ μg/m}^3 \\ 50+(C_{PM}-50) \times 0.5), & 50 \text{μg/m}^3 < C_{PM} < 150 \text{μg/m}^3 \\ 100+(C_{PM}-150) \times 0.5), & 150 \text{μg/m}^3 < C_{PM} < 350 \text{μg/m}^3 \\ 200+(C_{PM}-350) \times 1.43), & 350 \text{μg/m}^3 < C_{PM} < 420 \text{μg/m}^3 \\ 300+(C_{PM}-420) \times 1.25), & 420 \text{μg/m}^3 < C_{PM} < 500 \text{μg/m}^3 \\ 400+(C_{PM}-500), & C_{PM} > 500 \text{μg/m}^3 \end{cases} \quad (2.5)$$

Where C_{PM} is the concentration of PM.

Therefore to determine the API value, the formula below is used.

$$API = Max\ (SubAPI_{CO}, SubAPI_{O3}, SubAPI_{NO2}, SubAPI_{SO2}, SubAPI_{PM})\qquad (2.6)$$

2.3 STAZIONE DI MONITORAGGIO CONTINUO DELLA QUALITÀ DELL'ARIA (CAQMS)

Il CAQM è un sistema integrato progettato per osservare l'aria ambiente alla ricerca di inquinanti (Mahanijah et al., 2006). È stazionario e si stima che sia costoso. In Malesia ci sono in totale 52 CAQM. I CAQM sono solitamente situati in aree ad alta densità di popolazione e ad alta attività industriale. Ogni CAQM misura la concentrazione di CO, O_3, SO_2, NO2 e PM_{10}. La Figura 2.1 mostra la posizione delle 52 stazioni di monitoraggio in ogni Stato della Malesia. La Figura 2.2 mostra il CAQM di Batu Muda, mentre la Tabella 2.3 illustra la posizione delle stazioni di monitoraggio.

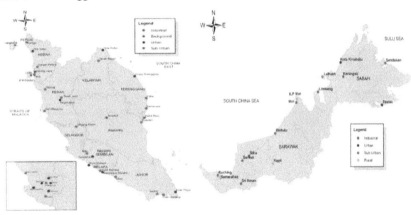

Figura 2.1 Tutti i 52 CAQM in Malesia (Mahanijah et al., 2006)

Figura 2.2 CAQM a Batu Muda

Tabella 2.3 Ubicazione dei CAQM in Malesia (Mahanijah et al., 2006)

State	Areas
Johor	Kota Tinggi, Larkin Lama, Muar, Pasir Gudang
Melaka	Bandaraya Melaka, Bukit Rambai
Negeri Sembilan	Nilai, Port Dickson, Seremban
Selangor	Banting, Kuala Selangor, Pelabuhan Klang, Petaling Jaya, Shah Alam
Wilayah Persekutuan Kuala Lumpur	Batu Muda, Cheras
Wilayah Persekutuan Putrajaya	Putrajaya
Perak	Ipoh (Jalan Tase, SK Jalan Pegoh), Taiping (Kg. Air Putih), Seri Manjung, Tanjung Malim
Pahang	Kuantan (Balok Baru, Indera Mahkota), Jerantut
Terengganu	Kemaman, Kuala Terengganu, Paka
Kelantan	Kota Bharu (SMK Tanjung Chat), Tanah Merah
Pulau Pinang	Perai, Seberang Jaya 2, Universiti Sains Malaysia (USM)
Kedah	Alor Setar, Bakar Arang (Sungai Petani), Langkawi
Perlis	Kangar
Sabah	Keningau, Kota Kinabalu, Sandakan, Tawau
Sarawak	Bintulu, ILP Miri, Kapit, Kuching, Limbang, Miri, Samarahan, Sarikei, Sibu, Sri Aman
Wilayah Persekutuan Labuan	Labuan

2.3 INQUINANTI

Secondo Daly e Zannetti (2007), l'USEPA e la maggior parte dei paesi del mondo hanno regolamentato 6 inquinanti critici che sono:

1. Monossido di carbonio (CO)

Il CO è un prodotto della combustione incompleta dei carburanti. Pertanto, le emissioni dei veicoli a motore sono la principale fonte di questo inquinante.

2. Ossidi di azoto (NO e NO2)

Gli ossidi di azoto provengono solitamente da fonti di combustione stazionarie e sono anche responsabili della formazione dell'ozono troposferico.

3. Ozono (O3)

L'O3 troposferico, noto anche come O3 del basso strato atmosferico (livello del suolo), si forma quando altri inquinanti come NO2, CO e composti organici volatili (COV) reagiscono tra loro in presenza di luce solare.

4. Biossido di zolfo (SO2)

La fonte principale di SO2 è la combustione di combustibili contenenti zolfo, come il petrolio e il carbone.

5. Particolato (PM)

I PM sono microscopiche goccioline solide o liquide sospese nell'aria. Esistono due categorie di PM: PM2,5 (diametro inferiore a 2,5 pm) e PM10 (diametro inferiore a 10 pm). Il PM proviene da varie fonti come la combustione, le attività agricole, i veicoli a motore e così via. Alcuni esempi di PM sono il fumo, gli aerosol, il polline e la polvere.

6. Piombo (Pb)

La fonte primaria di piombo è la combustione della benzina. Tuttavia, oggi il Pb è stato eliminato dalla benzina. Pertanto, la maggior parte dei Paesi non ha incluso il Pb tra gli inquinanti atmosferici.

2.4 EFFETTI DELL'INQUINAMENTO ATMOSFERICO

2.5.1 Effetti sulla salute

L'esposizione all'inquinamento atmosferico può portare a numerosi impatti sulla salute umana. Le modalità di esposizione possono essere l'inalazione, l'assorbimento diretto attraverso la pelle o la contaminazione di cibo e acqua (Ashikin, Ling, & Dasimah, 2015). Kampa e Castanas (2008) hanno affermato che l'effetto dell'esposizione a un inquinante in alta concentrazione è quasi simile all'esposizione a lungo termine a un inquinante a bassa concentrazione. Le malattie respiratorie e cardiovascolari sono le più comuni in tutto il mondo a causa dell'inquinamento atmosferico (Ling et al., 2012; Kinney & O'Neill, 2006).

Alcuni studi dimostrano che inquinanti come O_3, SO_2, NO_2 e PM contribuiscono a diversi tipi di problemi respiratori come asma, bronchite ed enfisema (Ling et al., 2012; Botkin & Keller 2003). Inoltre, l'inquinamento atmosferico influisce sulle vie respiratorie. A causa dell'esposizione agli inquinanti possono verificarsi problemi come irritazione di naso e gola, infiammazione polmonare, infezioni respiratorie acute, riduzione della funzionalità polmonare e persino cancro ai polmoni.

Secondo una ricerca, CO, O_3 e $PM_{2,5}$ possono contribuire all'aggravamento delle malattie cardiache (Ling et al., 2012; Utell et al. 2006). Inquinanti come il CO possono legarsi all'emoglobina riducendone la capacità di trasferire ossigeno (Kampa et al., 2008; Badman & Jaffe, 1996). La privazione di ossigeno al cuore può causare la morte del tessuto cardiaco e portare a danni permanenti al cuore (Physicians for Special Responsibility, 2009). Inoltre, respirando aria inquinata, l'apporto di sangue diventa insufficiente a causa dell'ostruzione delle arterie e provoca una cardiopatia ischemica.

2.5.2 Effetti ambientali

Il degrado della qualità dell'aria può anche causare diversi effetti sull'ambiente. Ad esempio, l'eccessiva emissione di NO_2 e SO_2 nell'atmosfera reagisce con l'acqua, l'ossigeno e altri composti per formare acido nitrico e acido solforico che portano alla formazione di piogge acide. Le piogge acide possono causare danni ai tessuti delle piante, l'acidificazione del suolo che porta alla diminuzione della crescita di piante e alberi, danni agli edifici e ai loro materiali e altro ancora (Singh & Agrawal, 2008).

Anche la foschia o lo smog sono effetti dell'inquinamento atmosferico. La foschia e lo smog si verificano quando una quantità eccessiva di particelle di polvere o di fumo si libera nell'aria. Le cause della foschia sono molteplici. Ad esempio, nel recente caso della foschia nel Sud-Est asiatico del 2015, la foschia è dovuta ai fumi prodotti dall'incendio delle foreste, chiamato anche metodo "slash-and-burn" (Liu, 2015). L'incendio è sfuggito al controllo e si è diffuso in altre aree.

La Cina sta vivendo il peggior inquinamento atmosferico del mondo a causa dello smog. Ciò è dovuto principalmente alla combustione del carbone che viene utilizzato per il riscaldamento e per le centrali elettriche. (Zhang, Liu, & Li, 2014). La combustione del carbone emette inquinanti come SO_2, ossidi di azoto e PM (Kan, Chen, & Tong, 2012).

2.6 TERMINOLOGIA DI BASE

2.6.1 Microcontrollore

Arduino Uno è stato scelto come microcontrollore per questo libro perché è adatto a progetti hardware. Ha la migliore interfaccia con i sensori analogici e altri componenti elettrici. Richiede solo una semplice programmazione per leggere, calcolare o emettere dati dai componenti. La Tabella 2.4 mostra un confronto tra Arduino e altri modelli di microcontrollori commerciali.

Tabella 2.4 Confronto tra Arduino Uno, Raspberry Pi II e BeagleBone.

Comparison	Arduino Uno	Raspberry Pi II	BeagleBone
Price	RM 55	RM 160	RM 200
Processor	ATmega328p	BCM 2836 (ARM)	TI AM3358 (ARM)
Clock Speed	16MHz	700MHz	700MHz
Digital GPIO	14	8	66
Analog Input	6	-	7
Development Environments	Arduino IDE (C/C++ language)	Linux, Scratch, IDLE	Python, Scratch, Squeak

In base alla Tabella 2.4, Arduino Uno ha il costo più basso rispetto agli altri modelli. Arduino Uno ha anche la velocità di clock più bassa perché non esegue un sistema operativo completo (OS), a differenza di Raspberry Pi II e BeagleBone, che sono computer a scheda singola con OS Linux. Per questo motivo la loro velocità di clock è molto più alta di Arduino Uno. Inoltre, Arduino Uno offre 14 pin di ingresso digitali e 6 analogici, sufficienti per tutti i componenti di questo libro. Inoltre, i componenti del microcontrollore Arduino possono essere facilmente programmati utilizzando il linguaggio C/C++ nell'IDE Arduino. Pertanto, confrontando questi tre microcontrollori, Arduino Uno è il miglior microcontrollore da utilizzare in questo libro.

2.6.2 Sensori

2.6.2.1 *Ozono (o3)*

Per misurare la concentrazione di O3 nell'aria, si usa il sensore di gas MQ-131. Questo sensore ha una sensibilità di 10ppb a 2ppm, che è adatta a questo libro poiché l'intervallo di misurazione della concentrazione di O3 va da 0,005ppm a 0,6ppm. Inoltre, questo sensore è a basso costo, ha un'elevata sensibilità e una lunga durata.

2.6.1.1 *Particolato (PM10 e PM2.5)*

Per misurare i PM, sono stati scelti due tipi di sensori ottici di polvere per ciascun PM.

Per il PM10, viene utilizzato il sensore ottico compatto per polveri GP2Y1010AU0F. Questo dispositivo è in grado di rilevare la polvere nell'aria. Per il $PM2_{,5}$, viene utilizzato il sensore ottico per polveri Shinyei PPD42NS. Questo sensore è in grado di rilevare PM di diametro superiore a un micrometro.

2.6.1.2 *Monossido di carbonio (CO)*

Sebbene il CO non sia l'inquinante dominante in Malesia, è considerato una delle principali fonti di inquinamento atmosferico, poiché il contributo maggiore di questo gas è dato dalle emissioni dei veicoli. Per questo motivo il sensore di CO è stato incluso in questo libro. Esistono due tipi di sensori che possono essere utilizzati per misurare la concentrazione di CO nell'aria: il sensore di gas MQ-7 e il sensore di gas MQ-9. Il sensore MQ-7 è in grado di rilevare una concentrazione di CO compresa tra 20 e 2000 ppm, mentre il sensore MQ-9 è in grado di rilevare una concentrazione di CO compresa tra 10 e 1000 ppm. È stato condotto un esperimento per scegliere quale dei due sensori è più sensibile al CO.

2.7 OPERE COLLEGATE

Hasenfratz, Saukh, Sturzenegger e Thiele (2012) hanno implementato un sistema di rilevamento mobile chiamato "GasMobile" per il monitoraggio partecipativo della qualità dell'aria. Il concetto di questo sistema è quello di utilizzare la partecipazione dei cittadini per raccogliere le misurazioni della qualità dell'aria intorno a loro utilizzando i loro smartphone, poiché la concentrazione dell'inquinamento atmosferico varia a seconda del luogo. Il sistema di monitoraggio consiste in un sensore e in un software compatibile con il sistema operativo Android. La misurazione sarà caricata sul server dall'utente stesso. Il sistema è stato testato utilizzando un sensore di ozono a basso costo, collegato al telefono in modalità host USB e alimentato da una batteria. È impostato in modalità automatica, in modo da misurare automaticamente la qualità dell'aria ogni due secondi. GasMobile fornisce un'elevata accuratezza dei dati perché la calibrazione del sensore è sempre aggiornata utilizzando le letture del sensore vicino alla stazione di monitoraggio di riferimento. Tuttavia, questo sistema utilizza un solo tipo di sensore di gas per misurare la qualità dell'aria.

Ibrahim, Elgamri, Babiker e Mohamed (2015) hanno proposto e implementato un dispositivo di monitoraggio ambientale che misura la qualità dell'aria, il meteo e il terremoto utilizzando Raspberry Pi (RPi). Questo dispositivo di monitoraggio è stato progettato in modo da potervi accedere da remoto attraverso la piattaforma Internet of Things (IoT). Le letture dei sensori possono essere ottenute sul software della piattaforma IoT chiamato "Xively" e possono essere consultate da chiunque tramite il sito web. Il dispositivo è stato testato e ha dimostrato di funzionare correttamente e con precisione. L'unico inconveniente di questo dispositivo di monitoraggio è che il consumo di energia di RPi è molto limitato. I componenti devono essere scelti correttamente per evitare danni al dispositivo.

Devarakonda et al. (2013) hanno proposto due approcci economici per misurare la qualità dell'aria a grana fine in tempo reale. Uno è da impiegare nei trasporti pubblici, come autobus e treni, e l'altro è un dispositivo di rilevamento personale per le automobili. Per il trasporto pubblico, viene utilizzato un box di rilevamento mobile personalizzato che consiste in Arduino come microcontrollore, un sensore di CO e PM, un ricevitore GPS e un modem, mentre per le automobili viene utilizzato un dispositivo di rilevamento personale (PSD) NODE che consiste in un sensore di CO. I dati ottenuti da entrambi i metodi saranno geo-taggati e caricati sul server. Per visualizzare l'inquinamento atmosferico in tempo reale è disponibile un portale web. Entrambi i dispositivi sono stati sperimentati nelle stesse condizioni e le letture dei livelli di inquinamento dell'aria da entrambi i dispositivi sono simili. Tuttavia, i dati di misurazione della qualità dell'aria sono limitati alle aree coperte solo da questi mezzi di trasporto.

Hussein (2012) ha progettato un sistema computerizzato per la misurazione e il monitoraggio dell'inquinamento. Il sistema si concentra sulla misurazione della concentrazione di CO nell'atmosfera e nei gas di scarico dei motori a combustione utilizzando un sensore di ossigeno (O_2). Il sensore fornisce una tensione in uscita che corrisponde alla quantità di ossigeno presente nello scarico e nell'atmosfera. Il sistema è stato testato in ambienti interni ed esterni e ha mostrato risultati accurati come previsto: maggiore è la percentuale di gas CO, maggiore è il livello del segnale di tensione. Tuttavia, per implementare questo sistema, il motore ha bisogno di un certo tempo per essere in stato stazionario per acquisire una misura corretta.

Keyang, Runjing e Hongwei (2011) hanno sfruttato l'uso della rete discreta di Hopfield per stabilire un modello di classificazione del livello di qualità dell'aria. Il metodo ha utilizzato la rete di memoria ottenuta in precedenza per associarla e applicarla per determinare il livello di qualità dell'aria dei campioni testati. L'indice di inquinamento dell'aria misurato è stato selezionato in modo casuale per testare questo metodo. Il risultato dell'esperimento è stato confrontato con i dati noti e risulta accettabile. Questo metodo è molto semplice ed efficace per la classificazione della qualità dell'aria. Tuttavia, il valore è previsto, non quello in tempo reale.

Ali, Soe e Weller (2015) hanno presentato un sistema di monitoraggio wireless in tempo reale della qualità dell'aria ambiente per le scuole, alimentato a energia solare e a basso costo. I dati sulla qualità dell'aria sono ottenuti da diversi nodi sensore che implementano Arduino come microcontrollore. I dati vengono trasmessi in modalità wireless tramite la rete mesh ZigBee al computer della scuola. I nodi sensore sono costituiti da sensori di CO, NO_2, PM, umidità e temperatura. Il sistema di monitoraggio della qualità dell'aria è posizionato in diversi punti della scuola. I dati acquisiti da ciascun sistema di monitoraggio vengono inviati al gateway tramite router e integrati in un database. Dall'esperimento condotto, le prestazioni di questi nodi sensore sono favorevoli. La qualità dell'aria può essere visualizzata in tempo reale, ma solo i computer con la stessa rete possono accedere alla misurazione.

Zhang, Jiang, Meng, Cheng e Sun (2012) hanno utilizzato un metodo di media mobile migliorato per prevedere la qualità dell'aria. Il modello di previsione ha utilizzato la media dei valori della media mobile di periodo più lungo e più breve. Il valore della media mobile è stato comunemente utilizzato per prevedere i valori futuri utilizzando i dati attuali. Questo metodo è stato sperimentato utilizzando la media annuale degli inquinanti atmosferici del periodo 2002-2011. Il risultato mostra che la previsione della media mobile di un giorno ha la massima accuratezza, il che significa che la qualità dell'aria di domani può essere prevista utilizzando il valore di oggi. Tuttavia, l'accuratezza di questa previsione dipende dalle condizioni meteorologiche.

Li et al. (2014) hanno sviluppato un sensore portatile e a basso consumo energetico in grado di misurare la concentrazione di PM2,5. Il sensore si basa sulla diffusione della luce. Le particelle vengono rilevate dal segnale di diffusione della luce che viene percepito dal fotodiodo. Il prototipo di questo sensore è stato testato con i fumi di sigaretta e ha mostrato un grande potenziale come dispositivo accurato. Tuttavia, questo dispositivo è stato realizzato appositamente per misurare la concentrazione di PM2,5.

Liu et al. (2015) hanno sviluppato un sensore per biciclette pubbliche per monitorare la qualità dell'aria in città. Il dispositivo è composto da processore a chip singolo, ricevitore GPS, interfaccia Bluetooth, sensore di gas di scarico e sensore di PM. Quando un utente noleggia la bicicletta pubblica, il sensore inizia a raccogliere i dati sull'inquinamento atmosferico, che vengono memorizzati in una scheda SD. Una volta che l'utente ha terminato di noleggiare la bicicletta, i dati del dispositivo sulla bicicletta saranno caricati al centro dati tramite interfaccia Bluetooth. Il dispositivo è stato dimostrato in due ambienti: all'aperto e al chiuso. I risultati ottenuti indicano che questo metodo è molto efficace per monitorare la qualità dell'aria. Tuttavia, l'area di misurazione non è ampia poiché dipende solo dall'utente della bicicletta.

Liu et al. (2012) hanno proposto un sistema di monitoraggio automatico della qualità dell'aria basato sulla tecnologia delle reti di sensori wireless (WSN) che si integra con il Global System for Mobile Communication (GSM). Il sistema comprende un modulo di elaborazione del segnale e un nodo sensore che consiste in un sensore di CO e in un gateway. Il gateway trasmette i dati raccolti dai nodi sensore al centro di controllo tramite il servizio SMS (Short Message Service) fornito dal GSM. I nodi sensore sono impostati per raccogliere dati sull'inquinamento atmosferico e meteorologico ogni dieci minuti. Per ottenere letture corrette e accurate dai nodi sensore, è stata creata un'equazione di calibrazione basata sull'analisi di regressione lineare dei dati delle attuali stazioni di monitoraggio.

L'equazione viene quindi utilizzata per correggere le letture del sensore di CO. I nodi sensore sono stati posizionati molto vicino a diverse stazioni di monitoraggio esistenti e i risultati ottenuti sono favorevoli. Il principale svantaggio di questo sistema di monitoraggio è che i nodi sensore sono costituiti da un solo sensore di qualità dell'aria, il sensore di CO.

Yang, Shao e Wang (2012) hanno progettato un sistema di monitoraggio dei gas nocivi all'interno di un veicolo speciale. Il sistema utilizza il processore ARM7 come controllore centrale del sistema. Il controllore è responsabile della limitazione dei gas nocivi, della calibrazione del sistema e della memorizzazione dei risultati. Il sistema è composto da quattro sensori di gas: CO, CO_2, SO2 e NO2 e da un dispositivo di ventilazione. Quando il contenuto di gas nocivi all'interno del veicolo speciale supera il limite di sicurezza, il nucleo attiva il dispositivo di ventilazione. Il dispositivo si attiva finché la qualità dell'aria all'interno del veicolo non raggiunge il livello di sicurezza. Sebbene questo dispositivo sia molto comodo e stabile, il suo design è molto complesso e difficile da implementare in altre condizioni.

Wang et al. (2012) hanno implementato un dispositivo di monitoraggio della qualità dell'aria autosufficiente con la tecnologia delle reti di sensori wireless (WSN). Questo dispositivo ha una capacità a lungo termine perché è alimentato da una batteria al piombo che utilizza un pannello solare per la ricarica. Il sistema utilizza Octopus II come nodo sensore e il sensore di CO e PM è collegato al nodo. Un modulo GSM viene utilizzato per controllare a distanza il sensore PM inviando un messaggio di testo. I dati di rilevamento vengono raccolti e inviati al gateway ogni dieci minuti. In base all'esperimento condotto, questo sistema dimostra di avere una capacità a lungo termine poiché è alimentato da celle solari. Tuttavia, il sistema presenta alcune difficoltà nel gestire sensori ad alta sensibilità.

Reilly, Birner e Johnson (2015) hanno progettato e realizzato un dispositivo di monitoraggio della qualità dell'aria a basso costo. Il dispositivo misura le concentrazioni di CO, PM e O3 e può funzionare off-grid utilizzando una batteria o un pannello solare. Come microcontrollore è stato utilizzato il clone Redboard Arduino e il modulo GSM è stato incluso in modo che i dati di rilevamento possano essere trasferiti in modalità wireless al server per la memorizzazione dei risultati e per la mappatura dei risultati in tempo reale utilizzando un software. Il dispositivo è stato testato per sette giorni e

i risultati raccolti corrispondono alle tendenze dell'attuale qualità dell'aria nell'area. Tuttavia, il dispositivo misura solo la concentrazione di inquinanti e non ha valutato l'indice di inquinamento atmosferico.

Firculescu e Tudose (2015) hanno introdotto un sistema di monitoraggio della qualità dell'aria a basso costo per le aree urbane utilizzando il rilevamento mobile per misurare la qualità dell'aria a grana fine in tempo reale. È stato sviluppato un sistema di raccolta dati basato sul crowd sourcing, in cui i dati vengono raccolti e forniti dagli utenti utilizzando un PSD che consiste in un sensore di CO. Il dispositivo misurerà i dati e li etichetterà con le coordinate GPS della posizione. I dati saranno ricevuti e archiviati da un server basato su cloud e caricati su Internet. Il dispositivo è stato testato e installato all'interno di un'automobile. Il risultato mostra che nelle aree ad alto traffico la concentrazione di monossido di carbonio è più alta che nelle aree non trafficate. Tuttavia, i dati di misurazione di questo dispositivo sono limitati solo alle aree coperte da questi mezzi di trasporto.

Oletic e Bilas (2015) hanno progettato un nodo sensore indossabile per il rilevamento della qualità dell'aria da parte della folla. Si tratta di un dispositivo portatile alimentato a batteria con due sensori elettrochimici di gas in grado di misurare la concentrazione di CO e NO_2. È dotato di un modulo Bluetooth per la connessione con gli smartphone. In un primo test all'aperto, 20 nodi sensore sono stati testati da ciclisti e pedoni in tutta la città. I risultati del test all'aperto sono stati confrontati con gli esperimenti di laboratorio e i sensori hanno mostrato una buona precisione. Tuttavia, per renderlo indossabile e portatile, è possibile implementare nel sistema solo due tipi di sensori.

Tudose et al. (2011) hanno presentato un sistema mobile di misurazione della qualità dell'aria adatto all'uso in ambiente urbano. Il sistema è composto da un client per auto e da un webserver. Un dispositivo alimentato dalla rete elettrica dell'auto con sensori di NO, CO e anidride carbonica (CO_2) è incorporato nell'auto insieme a un modulo GSM/GPRS, in modo da poter essere utilizzato per trasferire i dati di rilevamento a un server. Il prototipo è stato testato e il risultato è stato confrontato con i valori normali previsti nella zona.

La misurazione del dispositivo ha mostrato letture elevate al mattino a causa del traffico intenso, mentre nella stessa area le letture sono molto basse di notte a causa del poco traffico. Tuttavia, questo sistema può misurare solo i percorsi o le aree percorse dall'auto.

Pogfay et al. (2010) hanno sviluppato un naso elettronico wireless per monitorare la qualità dell'aria nell'ambiente. Il dispositivo è composto da un microcontrollore, cinque sensori di gas: CO, CO_2, idrogeno solforato, ammoniaca e O2 e un modulo wireless ZigBee. Il microcontrollore funge da interfaccia per i sensori per inviare i dati alla rete wireless ZigBee. I dati rilevati dai sensori vengono inviati a un server di database tramite la rete wireless ZigBee. I dati vengono poi analizzati con la tecnica dell'analisi delle componenti di principio (PCA) in modo da poterli classificare in base al tipo di ambiente. Il naso elettronico è stato testato in diversi laboratori. I sensori hanno mostrato una buona risposta ai campioni d'aria, ma hanno bisogno di un certo tempo per riscaldarsi ed essere stabili e operativi.

Rushikesh e Sivappagari (2015) hanno introdotto un sistema di monitoraggio dell'inquinamento atmosferico veicolare utilizzando loT. Il sistema consiste in un lettore di identificazione a radiofrequenza (RFID) con un sensore di CO_2 e un sensore di ossidi di zolfo (SO_x), integrati con un microcontrollore Arduino. Il sistema di monitoraggio sarà posizionato ai bordi delle strade e rileverà i veicoli che sono stati inseriti con carte RFID. Quando un veicolo passa vicino al dispositivo di monitoraggio, il lettore RFID lo rileva e i sensori si attivano per misurare la qualità dell'aria prodotta dai veicoli. Se il veicolo supera il livello di qualità dell'aria impostato, un messaggio di avvertimento viene inviato al proprietario del veicolo tramite l'applicazione loT. Il sistema è stato sperimentato con diversi tipi di veicoli e le prestazioni sono state verificate con successo. Tuttavia, per implementare questo sistema di monitoraggio, la scheda RFID deve essere inserita nei veicoli, altrimenti il sistema di monitoraggio non sarà in grado di misurare la qualità dell'aria.

Yang e Li (2015) hanno presentato un sistema di sensori intelligenti per il monitoraggio della qualità dell'aria. Il sistema è composto da un microprocessore, un sensore di $PM2_{,5}$, un sensore di CO_2, un sensore di CO, un rilevatore di gas pericolosi e un sensore di VOC. Quando un individuo vuole misurare la qualità dell'aria utilizzando il dispositivo, può eseguire l'applicazione sul suo smartphone. Il sensore inizierà a misurare la qualità dell'aria e trasmetterà i dati allo smartphone tramite Bluetooth. I dati possono essere caricati sul server con le informazioni sulla posizione GPS, la data e l'ora. Tuttavia, le informazioni in tempo reale sulla qualità dell'aria di un luogo possono essere ottenute solo se l'utente invia le letture.

Brienza, Galli, Anastasi e Bruschi (2014) hanno proposto un sistema di rilevamento cooperativo per il monitoraggio della qualità dell'aria chiamato "uSense". uSense è composto da un sensore di CO, un sensore di CO2, un sensore di NO2, un sensore di O3 e un sensore di VOC. I sensori misurano la concentrazione degli inquinanti e inviano i dati al server uSense tramite WiFi. Il server memorizzerà i dati di rilevamento nel database e i dati potranno essere consultati da tutti gli utenti di uSense sul sito web. Il dispositivo è stato testato e il sensore ha dimostrato di funzionare correttamente e con precisione. Tuttavia, è disponibile solo la connettività Wi-Fi poiché questo dispositivo è destinato a misurare la qualità dell'aria all'esterno delle abitazioni. Pertanto, per distribuire questo dispositivo, è necessario un punto di accesso Wi-Fi. La Tabella 2.5 mostra il riepilogo dei metodi, dei punti di forza e dei limiti dei lavori correlati.

Tabella 2.5 Sintesi dei lavori correlati

Author(s), Year	Method(s)	Strength	Limitation
Hasenfratz et al., 2012	Mobile sensing system for participatory air quality monitoring. Sensor is connected to the smartphones via USB host mode and connected to software that is compatible with Android OS.	Low cost sensor and high sensing data accuracy.	Only one type of gas sensor can be used in one time.

Ibrahim et al., 2015	Environmental monitoring device using RPi as the processor and it can be remotely accesses through IoT platform.	Can be remotely access and the measurement can be accessed by anyone via the website.	Power consumption of RPi is very limited. Components must be chosen correctly to prevent damages to the device.
Devarakonda et al., 2013	Custom made mobile sensing box with Arduino as microcontroller with CO and dust (PM) sensor for public transportation and NODE wireless sensor (CO sensor) for PSD.	Measure fine-grained air quality in real-time.	Air quality measurement data is limited to areas that only covered by those transportation.
Firculescu and Tudose, 2015	Crowd sourcing data collection system using PSD that is consists of CO sensor and is deployed inside a car.	Measure fine-grained air quality in real-time.	Air quality measurement data is limited to areas that only covered by those transportation.
Tudose et al., 2011	A mobile air quality measurement system that is suitable to use in urban environment. It is powered by a car's power supply with NO, CO and carbon dioxide (CO_2) sensor is embedded to the car together with a GSM/GPRS module.	The measurement can be freely accessed by the public via a website.	Air quality measurement data is limited to areas that only covered by those transportation.
Keyang et al., 2013	Using discrete Hopfield network to establish a model to classify the air quality level.	Simple and effective air quality classification.	Value is predicted, not in real-time.

Li et al., 2014	Portable and low power consumption sensor that can measure the concentration of $PM_{2.5}$ based on light scattering.	Low cost, portable and low power consumption.	Only measure the concentration of $PM_{2.5}$.
Zhang et al., 2012	Using moving average method to predict the air quality.	One day moving average prediction have the highest accuracy.	Accuracy of prediction depends on the weather conditions.
Ali et al., 2015	Solar powered wireless ambient air quality monitoring system. Using Arduino as microcontroller, ZigBee mesh network, and sensor node consist of CO, NO_2 and PM sensor.		The air quality can only be viewed by computer with the same network.
Reilly et al., 2015	Air quality monitoring device that measures the concentrations of CO, PM and O_3. Redboard Arduino clone is used as processor and it can be operated off-grid using battery or solar panel. GSM module is used to transfer the sensing data wirelessly to server.	Low cost and low complexity.	The device only measures the concentration of pollutant and did not evaluate the air pollutant index.
Liu et al., 2015	A sensor device for public bicycle to monitor the air quality in the city. The device consist of single chip processor, GPS receiver, Bluetooth interface, exhaust gas sensor and PM sensor.	Low cost, provide the specific time and place of the data.	The area of measurement is not wide since it only depends on the bicycle user.

Brienza et al., 2014	A co-operative sensing system for air quality monitoring called 'uSense' that consist of CO sensor, CO_2 sensor, NO_2 sensor, O_3 sensor and VOC sensor. The sensors will measure the concentration of pollutants outside homes and send the data to the server via Wi-Fi.	Small, low cost and easy to deploy. Provide AQI value.	Only Wi-Fi connectivity is available. Therefore, to deploy this device, a Wi-Fi access point is needed.
Yang et al. (2012)	Air quality monitoring system of harmful gas inside a special vehicle. ARM7 is used as the processor. The device consists of four gas sensors which are CO, CO_2, SO_2 and NO_2 and a ventilation device.	Convenient and good stability.	Design is complex and it is hard to implement in normal conditions.
Pogfay et al., 2010	A wireless electronic nose to monitor the air quality of the environment. The device consist of a microcontroller, CO, CO_2, Hydrogen Sulfide, Ammonia and O_2 gas sensors and a ZigBee wireless module. Sensing data from the sensors are sent to a database server via ZigBee wireless network.	Sensing data are analyzed by PCA technique so that it can be classified to the type of environment.	Design is complex since it used many kinds of sensor and each sensor needed some time to heat up to be stable.
Liu et al., 2012	Automatic air quality monitoring system based on WSN technology that integrates with GSM. The system includes signal processing module, CO sensor, and a gateway. Gateway will transmit the data collected by the sensor	Good sensor calibration. The CO concentration can be viewed in mobile devices.	Only measure the concentration of CO.

28

	nodes to the control center via SMS.		
Hussein, 2012	Computer based system to measure concentration of CO in the atmosphere and combustion engine exhaust gas by using O_2 sensor.	Cost-effective measurement system.	Only measure the concentration of CO.
Oletic and Bilas, 2015	A wearable air quality crowd-sensing sensor node. It is a battery powered device with two electrochemical gas sensors that can measure the concentration of CO and NO_2. It is built in with Bluetooth module to connect with smart phones.	Portable, low cost and good accuracy.	Only use two types of sensor due to size constraint.
Wang et al., 2012	Self-sustainable air quality monitoring device with WSN technology. Octopus II is used as sensor nodes and CO and dust (PM) sensor is connected to the node. This device is powered by a lead acid battery which uses solar panel to recharge. A GSM is used to remotely control the PM sensor by sending a text message.	Long-term monitoring capability.	Difficulties dealing with sensors that have high sensitivity.
Rushikesh et al., 2015	A vehicular air pollution monitoring system using IoT that consists of RFID reader with CO_2 sensor and SO_x sensor that are integrated along with Arduino microcontroller. The system will detect vehicles that passes by the device and	Low cost and gives warning to user if the air pollution exceeded the threshold value.	To implement this monitoring system, RFID card must be inserted in vehicles or else the monitoring

	activate the sensors to measure the air quality produced by the vehicles.		system will not be able to measure the air quality.
Yang et al., 2015	A smart sensor system for air quality monitoring that consist of a microprocessor, PM$_{2.5}$ sensor, CO$_2$ sensor, CO sensor, hazard gas detector and VOC sensor. When an individual wants to measure the air quality, he can run the application on his smartphone. The sensors will start measuring the air quality and transmit the data back to the smartphone via Bluetooth.	Portable and low power consumption.	The real-time air quality information of a place can only be obtained if the user submit the readings.

In base al riepilogo riportato nella Tabella 2.5, la maggior parte dei ricercatori ha progettato il proprio sistema di monitoraggio della qualità dell'aria con una rete di sensori wireless. I dati misurati dal dispositivo vengono trasmessi in modalità wireless al server, in modo che i risultati possano essere monitorati da tutti. Per questo studio, il sistema visualizzerà solo il valore attuale dell'API e lo memorizzerà in una scheda di memoria per la registrazione dei dati.

I ricercatori devono anche assicurarsi che il loro progetto sia a basso costo o conveniente, utilizzando sensori e microcontrollori facilmente reperibili sul mercato. Inoltre, la maggior parte dei sistemi di misurazione della qualità dell'aria riportati nella Tabella 2.5 non includeva tutti e sei i sensori di inquinanti e misurava solo i principali inquinanti dell'area, come o$_3$, CO e PM. Ciò sarà simile a questo studio, poiché il sistema di misurazione della qualità dell'aria includerà solo tre sensori che misurano gli inquinanti atmosferici dominanti in Malesia.

CAPITOLO 3

METODOLOGIA

3.1 INTRODUZIONE

Questo capitolo illustra il progetto hardware e software del sistema di misurazione della qualità dell'aria esterna. Il progetto dell'hardware comprende i componenti da utilizzare in questo libro e lo schema a blocchi dell'intero sistema. Il progetto del software contiene il programma da utilizzare per interfacciare tutti i componenti hardware e il diagramma di flusso del sistema.

3.2 PROGETTAZIONE HARDWARE

La Figura 3.1 mostra lo schema a blocchi del sistema di monitoraggio dell'inquinamento atmosferico proposto.

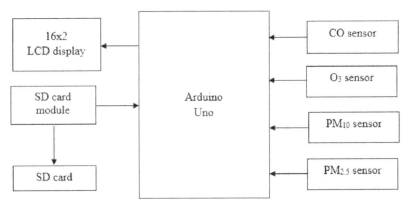

Figura 3.1 Schema a blocchi del sistema di monitoraggio dell'inquinamento atmosferico proposto

3.2.1 Arduino Uno

La Figura 3.2 mostra un esempio di scheda Arduino Uno. Arduino Uno è composto da 14 pin di ingresso/uscita digitale (I/O) e 6 pin di ingresso analogico. Funziona con un processore ATmega328p con velocità di clock di 16 MHz. Le schede Arduino sono progettate per interfacciarsi facilmente con una varietà di sensori e altri componenti. La tensione di funzionamento di Arduino Uno è di cinque volt e può essere facilmente alimentata tramite cavo USB o batteria. In questo libro, Arduino Uno sarà il microcontrollore che interfaccerà tutti i sensori e gli altri componenti.

Figura 3.2 Scheda Arduino Uno

3.2.2 Sensore di gas MQ- 131

La Figura 3.3 (a) mostra il sensore di gas MQ-131. Il sensore di gas MQ- 131 può rilevare l'O3 in un intervallo compreso tra 10ppb e 2ppm. Ha un'elevata sensibilità e una risposta rapida all'o3. Questo sensore sarà collegato a uno degli ingressi analogici di Arduino e misurerà la concentrazione di O3 in ppm nell'aria. Per determinare il valore di concentrazione in ppm, si utilizzerà l'equazione della curva caratteristica di sensibilità dell'O3 in Eq. (3.1), derivata dalla Figura 3.3 (b). La concentrazione di O3 sarà convertita in valore sub-API con l'equazione (2.2).

$$y = 26,291 \, x^{-0,868} \quad (3.1)$$

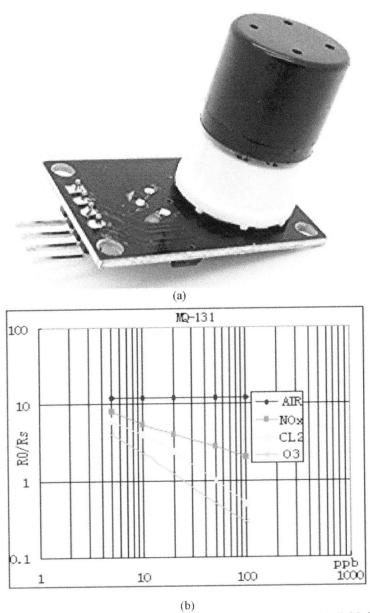

(a)

(b)

Figura 3.3 (a) Sensore di gas MQ- 131 e (b) curva caratteristica di sensibilità di O3 da scheda tecnica

3.2.2 Sensore di gas MQ- 9

La Figura 3.4 (a) mostra il sensore di gas MQ- 9. Il sensore di gas MQ- 9 può rilevare CO, idrogeno gassoso (H2), gas di petrolio liquefatto (GPL) e metano (CH4). Può rilevare la concentrazione di CO da 10 ppm a 100 ppm. Questo sensore sarà collegato a uno dei pin analogici di Arduino e misurerà la concentrazione di CO in ppm nell'aria. Per determinare il valore di concentrazione in ppm, si utilizzerà l'equazione della curva caratteristica di sensibilità del CO in Eq. (3.2), derivata dalla Figura 3.4 (b). La concentrazione di CO sarà convertita in valore sub-API utilizzando l'equazione (2.1).

$$y= 25,287\ x^{-0,501} \qquad (3.2)$$

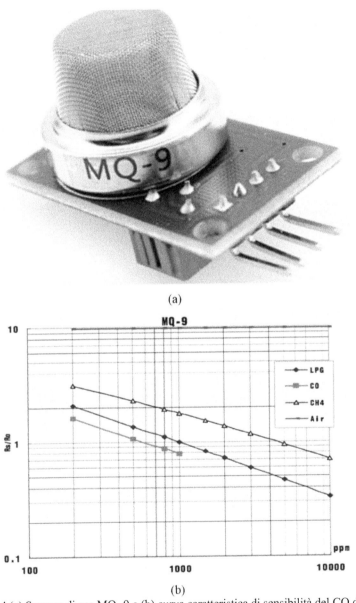

(a)

(b)

Figura 3.4 (a) Sensore di gas MQ- 9 e (b) curva caratteristica di sensibilità del CO da scheda tecnica

3.2.4 Sensore ottico di polvere Shinyei PPD42NS

La Figura 3.5 (a) mostra il sensore ottico per polveri Shinyei PPD42NS. Questo sensore sarà utilizzato per misurare la concentrazione di PM2,5. Questo sensore è in grado di rilevare particelle di dimensioni minime di un micrometro. Crea un impulso digitale Lo in uscita verso il PM e conta il tempo o l'occupazione Lo Pulse (LPO) delle particelle rilevate dal fotodiodo. Maggiore è il tempo di LPO, maggiore è la concentrazione di PM2,5. Questo sensore sarà collegato a uno dei pin digitali di Arduino. Per determinare il valore di concentrazione della polvere in mg/m^3 , si utilizzerà l'equazione della curva caratteristica di sensibilità delle particelle ricavata dalla Figura 3.5 (b). La concentrazione di PM2.5 viene poi convertita in valore sub-API utilizzando l'equazione (2.5).

(a)

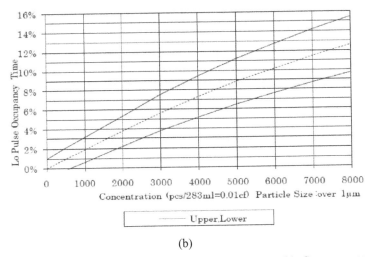

Smoke(Cigarette) Output P1 Characteristics

(b)

Figura 3.5 (a) Sensore ottico di polvere Shinyei PPD42NS e (b) Curva caratteristica di sensibilità Shinyei PPD42NS da scheda tecnica

3.2.5 Sensore ottico compatto di polvere GP2Y1010AU0F

La Figura 3.6 (a) mostra il sensore ottico compatto di polvere GP2Y1010AU0F. Questo sensore di polvere rileva tutte le particelle presenti nell'aria. Utilizza un diodo a emissione infrarossa e un fototransistor per rilevare la luce riflessa delle particelle presenti nell'aria. Il sensore è collegato a un pin analogico e a uno digitale di Arduino. La tensione di uscita è proporzionale alla densità di polvere in mg/m^3 come mostrato nella Figura 3.6 (b). La densità della polvere viene convertita in valore sub-API secondo l'equazione (2.5).

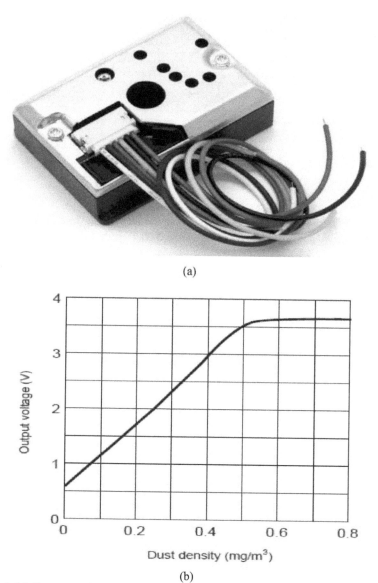

(a)

(b)

Figura 3.6 (a) Sensore ottico compatto per la polvere GP2Y1010AU0F e (b) grafico della tensione di uscita rispetto alla sensibilità alla polvere per il sensore GP2Y1010AU0F.

3.2.3 Modulo scheda micro SD

La Figura 3.7 mostra il modulo della scheda micro SD. Questo modulo sarà utilizzato per la registrazione dei dati. La concentrazione degli inquinanti misurati e il valore API saranno memorizzati nella scheda micro SD. Quattro dei pin del modulo della scheda micro SD (MOSI, MISO, SCK e CS) saranno collegati ai pin di I/O digitale di Arduino.

Figura 3.7 Modulo scheda micro SD

3.2.4 Display LCD 16 x 2

La Figura 3.8 mostra il display LCD 16 x 2. Supporta 16 caratteri e 2 linee. Sarà collegato utilizzando il modulo driver I2C che ridurrà i pin di dati da collegare ad Arduino da sei pin di I/O digitali a due pin di ingresso analogici. Questo display LCD verrà utilizzato per visualizzare il valore sub-API, il valore API e l'indicazione della qualità dell'aria dell'area misurata.

Figura 3.8 Display LCD 16 x 2

3.3 PROGETTAZIONE DEL SOFTWARE

Il sistema di misurazione della qualità dell'aria è programmato secondo il diagramma di flusso della Figura 3.9. Il programma è suddiviso in quattro parti principali: raccolta dati, conversione dati, confronto dati e classificazione dati.

Nella raccolta dei dati, ogni sensore misurerà la concentrazione degli inquinanti. I sensori MQ- 9 e MQ- 131 restituiscono valori analogici, mentre i sensori Shinyei PPD42NS e Sharp GP2Y1010AUF restituiscono valori digitali.

Nella conversione dei dati, i valori analogici e digitali ottenuti dalla misurazione saranno convertiti in ciascuna unità di concentrazione degli inquinanti, che sono ppm per CO e O_3 e mg/m^3 per il PM. La concentrazione di ciascun inquinante sarà utilizzata per calcolare il valore sub-API di ciascun inquinante utilizzando le equazioni (2.1), (2.2) e (2.5).

Nel confronto dei dati, i quattro valori sub-API saranno confrontati tra loro e il sub-API più alto tra tutti gli inquinanti sarà il valore API come indicato nell'equazione (2.6).

Nella classificazione dei dati, il valore API viene classificato nell'indicazione API della Tabella 2.1. Il sistema è impostato per misurare il valore API ogni cinque minuti.

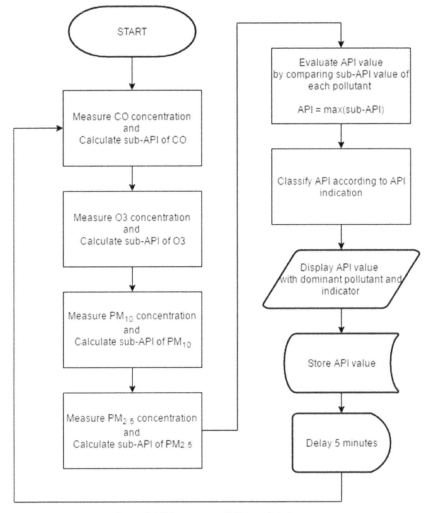

Figura 3.9 Diagramma di flusso del sistema

3.3.1 Ambiente integrato Arduino (IDE)

Il sistema è programmato utilizzando l'IDE Arduino, come mostrato nella Figura 3.10. Arduino IDE è un software open source che contiene un editor di testo per la scrittura di codici in linguaggio di programmazione C.

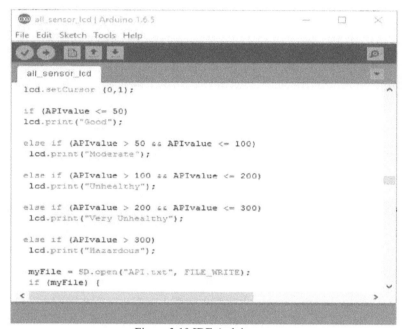

Figura 3.10 IDE Arduino

3.4 SINTESI

Il sistema di monitoraggio della qualità dell'aria è stato progettato utilizzando l'hardware e il software menzionati in questo capitolo. Tutti i componenti saranno collegati ad Arduino e saranno programmati secondo i contenuti del diagramma di flusso. Per assicurarsi che tutti i componenti e i programmi funzionino correttamente, sono stati condotti diversi esperimenti. Il risultato di questi esperimenti sarà discusso e analizzato nel Capitolo 4.

CAPITOLO 4

RISULTATI E ANALISI

4.1 INTRODUZIONE

I n questo capitolo vengono condotti vari esperimenti per verificare la risposta di ciascun sensore agli inquinanti atmosferici. Dopo aver osservato la risposta individuale di ciascun sensore, tutti i sensori vengono integrati insieme per osservare la risposta del sistema.

4.2 IMPOSTAZIONE SPERIMENTALE

4.2.1 CO Setup sperimentale

La Figura 4.1 mostra il setup sperimentale per il sensore di CO. Vengono utilizzati due tipi di sensori: MQ7 e MQ9. Sono stati condotti due esperimenti per il sensore di CO con due diverse fonti di CO: il fumo di sigaretta e l'emissione dallo scarico di un'automobile.

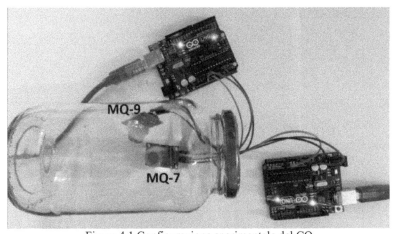

Figura 4.1 Configurazione sperimentale del CO

4.2.2 Setup sperimentale PM

I sensori PM10 e PM2,5 sono stati testati insieme nelle stesse condizioni. La polvere è stata utilizzata come fonte di polvere e un ventilatore è stato diretto verso la polvere per assicurarsi che si diffondesse nel contenitore. La Figura 4.2 mostra l'impostazione sperimentale del sensore di PM.

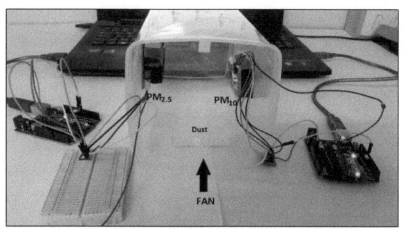

Figura 4.2 Configurazione sperimentale del PM

4.2.3 O3 Setup sperimentale

Per rilevare l'o3, viene condotto un esperimento in due momenti diversi. Un esperimento viene condotto al mattino e un altro al pomeriggio. Il sensore è stato posizionato vicino a una fermata dell'autobus su una strada a traffico leggero. La Figura 4.3 mostra il setup sperimentale.

Figura 4.3 Setup sperimentale O3

4.2.4 API Impostazione sperimentale
Per questo esperimento, tutti e quattro i sensori sono stati integrati insieme. Il sistema è stato testato in tre diverse posizioni, come mostrato nella Figura 4.4 (a), (b) e (c).

(a)

(b)

(c)

Figura 4.4 Configurazione sperimentale in tre luoghi diversi: (a) ostello, (b) facoltà e (c) strada.

4.3 ESPERIMENTO SULLA MISURAZIONE DEL MONOSSIDO DI CARBONIO

Nel primo esperimento, le sigarette vengono poste in un barattolo di vetro insieme ai due sensori e il coperchio del barattolo viene chiuso ermeticamente. Nel secondo esperimento, le emissioni provenienti dallo scarico di un'automobile vengono raccolte e intrappolate in un barattolo di vetro. I due sensori vengono quindi posizionati all'interno del barattolo e il coperchio del barattolo viene chiuso ermeticamente. Le concentrazioni di CO sono misurate ogni cinque secondi per cinque minuti per entrambi gli esperimenti e i risultati sono riportati nel grafico della Figura 4.5 (a) e (b).

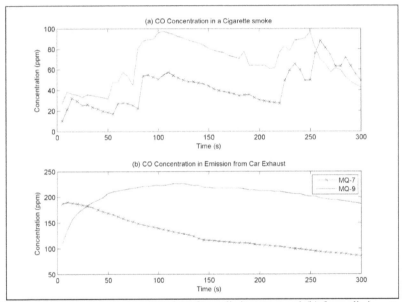

Figura 4.5 Concentrazione di CO nel (a) fumo di sigaretta e nel (b) fumo di sigaretta.

(b) le emissioni dei gas di scarico degli autoveicoli

In base al grafico della Figura 4.5 (a), il sensore MQ-9 ha mostrato una risposta rapida e una maggiore sensibilità al gas CO rispetto al sensore MQ-7. Nell'esperimento di CO utilizzando le emissioni dei gas di scarico delle automobili, il grafico della Figura 4.5 (b) ha mostrato una differenza molto grande tra la concentrazione di CO nel sensore MQ-7 e in quello MQ-9. Poiché non c'è un flusso costante di CO nel barattolo rispetto all'esperimento con la sigaretta, i risultati sono inconcludenti. Pertanto, a causa di queste analisi, il sensore MQ-9 è stato scelto per rilevare e misurare il CO nel sistema di misurazione della qualità dell'aria.

4.4 ESPERIMENTO DI MISURAZIONE DEL PARTICOLATO

La concentrazione di PM10 e PM2,5 è stata misurata ogni cinque secondi per cinque minuti. Il risultato dell'esperimento è rappresentato nel grafico della Figura 4.6.

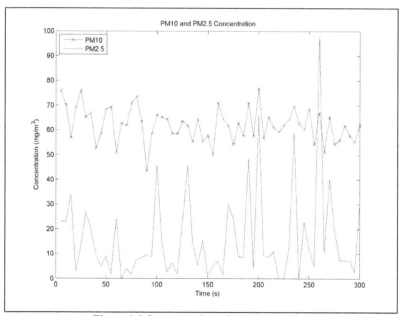

Figura 4.6 Concentrazione di PM10 e PM2.5

In base al grafico della Figura 4.6, il PM10 presenta valori di concentrazione stabili. Il valore varia da 45 a 75 mg/m^3. Tuttavia, le letture della concentrazione di PM2,5 sembrano instabili. Poiché la polvere è utilizzata come fonte di polvere, il sensore PM2,5 non è in grado di rilevare la polvere, poiché le dimensioni delle particelle di polvere sono troppo grandi per essere rilevate dal sensore. Questo è il motivo per cui le letture hanno sempre un picco in certi momenti.

Sulla base di questo esperimento, si può concludere che entrambi i sensori hanno mostrato una risposta positiva nei confronti della polvere.

4.5 ESPERIMENTO DI MISURAZIONE DELL'OZONO

Il sensore di gas MQ-131 è stato testato nelle stesse condizioni di traffico in entrambi i momenti. Le letture sono state effettuate ogni cinque secondi per cinque minuti. Il risultato dell'esperimento è riportato nella Figura 4.7.

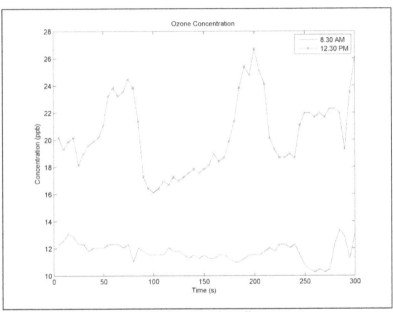

Figura 4.7 Concentrazione di ozono

In base al grafico della Figura 4.7, si può osservare che il livello di ozono è più alto alle 12.30 del pomeriggio rispetto alle 8.30 del mattino. L'ozono a livello del suolo è prodotto dalle reazioni di NO_2, CO e COV con la luce solare. Per questo motivo i valori sono più alti alle 12.30, perché il sole splende molto forte nel pomeriggio. In base alle osservazioni, la lettura del grafico raggiunge un picco ogni volta che un grosso veicolo, come un autobus o un camion, passa vicino al sensore, perché entrambi i veicoli producono grandi emissioni. In base ai risultati di questo esperimento, il sensore MQ-131 ha mostrato un'ottima risposta nei confronti dell'ozono a livello del suolo.

4.6 ESPERIMENTO SULLA MISURAZIONE DELL'API

L'esperimento è stato condotto in tre luoghi diversi: in ostello, in facoltà e sul ciglio della strada. Il risultato dell'esperimento è stato confrontato con il valore attuale dell'API misurato dai CAQM a Batu Muda alla stessa ora dell'esperimento. Il subAPI viene tracciato ogni cinque minuti per un'ora per ciascuna località, come illustrato nella Figura 4.8 (a), (b) e (c). Per convalidare i dati misurati, lo stesso esperimento è stato condotto vicino ai CAQM di Batu Muda. I risultati finali degli esperimenti sono riportati nella Tabella 4.1.

Dalla Figura 4.8 (a), (b) e (c) si può osservare che i sub-API del PM10 sono i più alti tra tutti gli inquinanti in tutte le località, mentre i sub-API del PM2,5 rimangono bassi in tutte e tre le località. Ciò è dovuto al fatto che le PM2,5 sono molto piccole e possono essere rilevate solo quando l'inquinamento atmosferico è molto grave. In (a) e (b), i sub-API del CO sono tutti pari a zero perché non ci sono emissioni di veicoli durante l'esperimento. In (c), invece, i sub-API di CO sono stati rilevati, ma sono piuttosto bassi. Ciò è dovuto al traffico leggero durante l'esperimento e la concentrazione di CO dipende dai veicoli che producono grandi quantità di emissioni. In (c), i sub-API di O3 sono i più alti rispetto a (a) e (b). Ciò è dovuto alla presenza di CO e di altri inquinanti che reagiscono insieme in presenza della luce solare.

In base alla Tabella 4.1, ogni località indica un API diverso dal valore misurato dai CAQM. Il valore API ottenuto dall'esperimento sul ciglio della strada è molto più alto di quello indicato dai CAQM. Ciò è dovuto alla presenza di una maggiore quantità di inquinanti sul ciglio della strada rispetto alle altre località, a causa delle emissioni dei veicoli. Da questo esperimento si può concludere che luoghi diversi hanno valori API diversi anche se sono vicini.

L'Appendice A mostra il codice di Arduino.

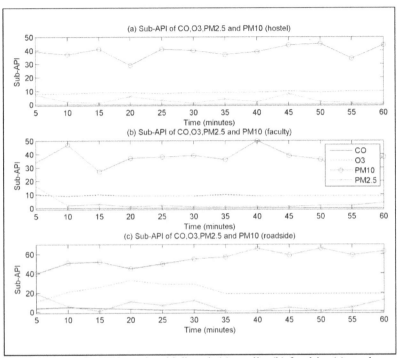

Figura 4.8 Sub-API in tre luoghi diversi: (a) ostello, (b) facoltà e (c) strada.

Tabella 4.1 Risultato API

Location	Batu Muda (CAQMs)	Hostel	Campus	Roadside
Average API value	55	39	37	55
Indication	Moderate	Good	Good	Moderate
Dominant pollutant	PM_{10}	PM_{10}	PM_{10}	PM_{10}
API value (CAQMs)	64	38	40	35
Dominant pollutant (CAQMs)	PM_{10}	PM_{10}	PM_{10}	PM_{10}
Indication (CAQMs)	Moderate	Good	Good	Good

4.7 DISCUSSIONE

Sono stati condotti quattro esperimenti per verificare la risposta di ciascun sensore all'inquinante rilevato e la risposta quando quattro sensori sono integrati in un sistema. In base all'analisi dell'esperimento, ogni sensore ha mostrato un'ottima risposta agli inquinanti atmosferici. Il sensore di gas MQ-9 ha mostrato una risposta rapida e un'elevata sensibilità al gas CO. Il sensore ottico per polveri Shinyei PPD42NS ha mostrato una buona risposta nei confronti del $PM2,5$, anche se le letture sono leggermente instabili. Il sensore ottico compatto per polveri GP2Y1010AUF ha mostrato una risposta molto buona e stabile verso il $PM10$ e il sensore di gas MQ-131 ha mostrato una buona risposta verso l'ozono a livello del suolo. Quando tutti e quattro i sensori sono integrati insieme, le letture sub-API di ciascun inquinante mostrano risultati favorevoli. Il sistema è stato convalidato con i CAQM di Batu Muda. La percentuale di errore è del 14%. Tuttavia, i sub-API di ogni località corrispondono all'ambiente attuale della località dell'esperimento.

4.8 SOMMARIO

Tutti e quattro i sensori hanno mostrato una risposta positiva agli inquinanti rilevati negli esperimenti condotti. Quando tutti e quattro i sensori sono integrati insieme, il sistema è in grado di valutare il valore sub-API per ogni inquinante e di confrontare i valori per ottenere il valore massimo come valore API corrente. Il sistema è inoltre in grado di classificare la qualità dell'aria in base alle indicazioni della Tabella 2.1.

CAPITOLO 5

CONCLUSIONI E LAVORO FUTURO

5.1 CONCLUSIONI

In questo studio è stato progettato e implementato con successo un sistema di misurazione della qualità dell'aria esterna. Il dispositivo utilizza Arduino Uno come microcontrollore e quattro sensori di inquinanti a basso costo: sensore di CO, sensore di O3, sensore di PM10 e PM2,5. Questi sensori sono in grado di misurare la concentrazione di inquinanti. Questi sensori sono in grado di misurare la concentrazione degli inquinanti. I valori di concentrazione vengono convertiti in valori sub-API e i valori sub-API di ciascun inquinante vengono confrontati. Il valore sub-API più alto sarà considerato il valore API corrente.

Il valore API ottenuto viene classificato come buono, moderato, insalubre, molto insalubre o pericoloso secondo l'indicatore API della Tabella 2.1. Grazie a questa classificazione, sarà più facile per le persone conoscere l'attuale qualità dell'aria intorno a loro. In base ai risultati degli esperimenti, il sistema ha mostrato una risposta positiva nei confronti degli inquinanti atmosferici. La percentuale di errore del sistema è del 14%. Tuttavia, questo sistema ha dimostrato che luoghi diversi hanno valori API diversi anche se l'area è vicina, a seconda dell'ambiente circostante.

Questo sistema è conveniente e portatile rispetto alle stazioni di monitoraggio esistenti, che sono statiche e costose. È comodo da usare per persone di tutte le età e può essere utilizzato in qualsiasi momento e ovunque. Inoltre, questo sistema è anche in grado di misurare la concentrazione di PM2,5 e di valutare il valore subAPI, cosa che le attuali stazioni di monitoraggio in Malesia non sono ancora in grado di fare. Pertanto, questo sistema di misurazione della qualità dell'aria può sicuramente contribuire allo sviluppo dell'attuale sistema di misurazione dell'API in Malesia.

5.2 LAVORO FUTURO

Questo studio ha raggiunto tutti gli obiettivi. Tuttavia, c'è ancora spazio per ulteriori miglioramenti. È possibile includere nel sistema un modulo wireless in modo che, oltre a visualizzare i dati sul display LCD e a memorizzarli nella scheda di memoria, i dati possano essere inviati e consultati online da altri utenti.

Inoltre, è possibile aggiungere al sistema altri sensori di inquinanti, in modo da avere la stessa capacità degli attuali CAQM che misurano la concentrazione e i sub-API di tutti e sei gli inquinanti atmosferici. Per ridurre la percentuale di errore del sistema è possibile effettuare una corretta calibrazione dei sensori, in modo da ottenere risultati più accurati. Infine, la funzionalità del sistema proposto potrebbe essere estesa con l'aggiunta di altri shield Arduino.

BIBLIOGRAFIA

Afroz, Hassan, & Akma. (2003). Rassegna dell'inquinamento atmosferico e degli effetti sulla salute in Malesia. *Environmental Research 92,* 71-77.

Qualità dell'aria. (n.d.). Recuperato dal Portale ufficiale del Dipartimento dell'Ambiente: http://www.doe.gov.my/portalv1/en/awam/maklumat-alam-sekitar/kualiti- udara

Ali, H., Soe, J., & Weller, S. R. (2015). Una rete di sensori wireless per il monitoraggio della qualità dell'aria in tempo reale per le scuole nelle città intelligenti. *Conferenza sulle città intelligenti (ISC2)* (pp. 1-6). Guadalajara: IEEE.

Amos, H. (2016, 2 12). *La scarsa qualità dell'aria uccide ogni anno 5,5 milioni di persone in tutto il mondo.* Recuperato da UBC News: http://news.ubc.ca/2016/02/12/poor-air-quality-kills-5-5-million-worldwide-annually/

Ashikin, Ling, O., & Dasimah. (2015). Qualità dell'aria urbana ed effetti sulla salute umana a Selangor, Malesia. *Procedia- Social and Behavioral Science 170,* 282-291.

Azizi. (2015, 31 ottobre). *La Malesia ha bisogno della lettura dell'indice di inquinamento atmosferico (API) di 2,5 per la foschia, dice il professore dell'UTM.* Recuperato da The Rakyat Post: http://www.therakyatpost.com/news/2015/10/31/malaysia-needs-the-2-5-air-pollutant-index-api-reading-for-the-haze-says-utm-professor/

Bhattacharya, S. (2016). *India e Cina hanno il maggior numero di morti per inquinamento.* Recuperato da The Wall Street Journal: http://blogs.wsj.com/indiarealtime/2016/02/16/india-and-china-have- most-deaths-from-pollution/

Brienza, S., Galli, A., Anastasi, G., & Bruschi, P. (2014). Un sistema di rilevamento cooperativo per il monitoraggio della qualità dell'aria nelle aree urbane. *International Conference onSmart Computing Workshops (SMARTCOMP Workshops)* (pp. 15-20). Hong Kong: IEEE.

Daly, & Zannetti. (2007). Introduzione all'inquinamento atmosferico. In Zannetti, Al-Ajmi, &

Al-Rashied, *Ambient Air Pollution.* Freemont, CA (USA): Istituto EnviroComp.

Devarakonda, S., Sevusu, P., Liu, H., Liu, R., Iftode, L., & Nath, B. (2013). *Monitoraggio della qualità dell'aria in tempo reale attraverso il rilevamento mobile nelle aree metropolitane.* Chicago: IEEE.

DOE. (2000). *Guida all'indice degli inquinanti atmosferici (API) in Malesia.* Ministero delle Risorse naturali e dell'Ambiente.

Firculescu, A.-C., & Tudose, D. S. (2015). Sistema di qualità dell'aria a basso costo per il monitoraggio delle aree urbane. *2015 20th International Conference on Control Systems and Science* (pp. 240-247). Bucarest: IEEE.

Hasenfratz, D., Saukh, O., Sturzenegger, S. e Thiele, L. (2012). *Monitoraggio partecipativo dell'inquinamento atmosferico tramite smartphone.* Pechino, Cina.

Come l'inquinamento atmosferico contribuisce alle malattie cardiache. (2009). Recuperato da Physicians for Social Responsibility (PSR): www.psr.org/assets/pdfs/air- pollution-effects-cardiovascular.pdf

Hussein, M. A. (2012). Progettazione e implementazione di un sistema di rilevamento dell'inquinamento da gas a costi contenuti. *Conferenza internazionale sull'ingegneria informatica e delle comunicazioni (ICCCE 2012).* Kuala Lumpur: IEEE.

Ibrahim, M., Elgamri, A., Babiker, S., & Mohamed, A. (2015). *Monitoraggio ambientale intelligente basato su Internet delle cose utilizzando il computer Raspberry-Pi.* IEEE.

Kampa, & Castanas. (2008). Effetti dell'inquinamento atmosferico sulla salute umana. *Inquinamento ambientale 151,* 362-367.

Kan, H., Chen, R. e Tong, S. (2012). Inquinamento atmosferico, cambiamento climatico e salute della popolazione in Cina. *Ambiente Internazionale,* 10-19.

Kester, W. (2005). Condizionamento del segnale del sensore. In W. Kester, J. Bryan, W. Jung, S. Wurcer, & C. Kitchin, *Applicazioni degli amplificatori operazionali* (pp. 1-89).

Keyang, L., Runjing, Z. e Hongwei, X. (2011). Basato sulla rete neurale Hopfield per determinare i livelli di qualità dell'aria.

Li, X., Iervolino, E., Santagata, F., Wei, J., Yuan, C. A., Sarro, P., & Zhang, G. (2014). Sensore di particolato miniaturizzato per aria portatile. *Atti di IEEE SENSORS 2014* (pp. 2151-2154). Valencia: IEEE.

Ling, O., Shaharuddin, Kadaruddin, Yaakob, & Ting. (2012). Indicatori di salute ambientale dell'aria urbana per la città di Kuala Lumpur. *Sains Malaysiana 41,* 179- 191.

Liu, J.-H., Chen, Y.-F., Lin, T.-S., Chen, C.-P., Chen, P.-T., & Wen, T.-H. (2012). Un sistema di monitoraggio della qualità dell'aria per le aree urbane basato sulla tecnologia delle reti di sensori wireless. *International Journal on Smart Sensing and Intelligent Systems, Vol. 5, No. 1.*

Liu, X., Li, B., Jiang, A., Qi, S., Xiang, C., & Xu, N. (2015). Un sensore a bordo di una bicicletta per il monitoraggio dell'inquinamento atmosferico in prossimità delle strade. *Consumer Electronics - Taiwan (ICCE-TW)* (pp. 166-167). Taipei: IEEE.

Liu, Y. F. (2015). La foschia nel sud-est asiatico. *Conferenza internazionale del Club dei ricercatori su scienza, ingegneria e tecnologia.* Singapore.

Mahanijah, Rozita e Ruhizan. (2006). Un'applicazione della rete neurale artificiale (Ann) per l'indice di inquinamento atmosferico (Api) in Malesia.

Oletic, D., & Bilas, V. (2015). Progettazione di un nodo sensore per la qualità dell'aria Crowdsensing. *Sensors Applications Symposium (SAS)* (pp. 1-5). Zara: IEEE.

Reilly, K., Birner, M. e Johnson, N. (2015). Misurare la qualità dell'aria utilizzando Dispositivi autoalimentati senza fili. *IEEE 2015 Global Humanitarian Conferenza sulla tecnologia* (pp. 267- 272). Seattle: IEEE.

Rushikesh, R., & Sivappagari, C. M. (2015). Sviluppo di un sistema di monitoraggio dell'inquinamento veicolare basato su IoT. *2015 International Conference on Green Computing and Internet of Things (ICGCIoT)* (pp. 779-783). Noida: IEEE.

Singh, A. e Agrawal, M. (2008). Le piogge acide e le loro conseguenze ecologiche. *Journal of Environmental Biology,* 15-24.

T.Pogfay, N.Watthanawisuth, W.Pimpao, A.Wisitsoraat, S.Mongpraneet, T.Lomas, . . .

A.Tuantranont. (2010). Sviluppo di un naso elettronico wireless per la classificazione della qualità dell'ambiente. *Conferenza di ingegneria elettrica/elettronica, informatica, telecomunicazioni e tecnologia dell'informazione (ECTI-CON)* (pp. 540-543). Chaing Mai: IEEE.

Tudose, D. S., Patrascu, T. A., Voinescuz, A., Tataroiu, R., & Tapus, N. (2011). Sensori mobili per la misurazione dell'inquinamento atmosferico. *8° Workshop on Positioning Navigation and Communication (WPNC)* (pp. 166-170). Dresda: IEEE.

Wang, C.-H., Huang, Y.-K., Zheng, X.-Y., Lin, T.-S., Chuang, C.-L., & Jiang, J.- A. (2012). Un sistema di monitoraggio della qualità dell'aria autosostenibile tramite WSN. *2012 Fifth IEEE International Conference on Service-Oriented Computing and Applications (SOCA)* (pp. 1-6). Taipei: IEEE.

Yang, M., Shao, S. e Wang, X. (2012). Progettazione del sistema di monitoraggio dei gas nocivi all'interno di un veicolo speciale. *2012 International Conference on Computer Science and Electronics Engineering* (pp. 353-355). Hangzhou: IEEE.

Yang, Y. e Li, L. (2015). Un sistema di sensori intelligenti per il monitoraggio della qualità dell'aria e la raccolta massiva di dati. *Conferenza internazionale sulla convergenza delle tecnologie dell'informazione e della comunicazione (ICTC)* (pp. 147-152). Jeju: IEEE.

Zhang, D., Liu, J. e Li, B. (2014). Affrontare l'inquinamento atmosferico in Cina. *Sostenibilità*, 5322-5338.

Zhang, Z., Jiang, Z., Meng, X., Cheng, S., & Sun, W. (2012). Ricerca sul metodo di previsione dell'API basato sul metodo della media mobile migliorata. *2012 Conferenza internazionale sui sistemi e l'informatica (ICSAI 2012)*. IEEE.

APPENDICE A CODICE ARDUINO

```
1   #INCLUDE "WIRE.H" // FOR I2C
2   #INCLUDE "LCD.H" // FOR LCD
3   #INCLUDE "LIQUIDCRYSTAL_I2C.H"
4   #INCLUDE <SD.H>
5   #INCLUDE <SPI.H>
6
7   LIQUIDCRYSTAL_I2C LCD(0X27,2,1,0,4,5,6,7);
8   FILE MYFILE;
9
10  INT PINCS = 4;
11  FLOAT MQ9_VOLT;
12  FLOAT RS_AIRMQ9;
13  FLOAT ROMQ9;
14  INT MQ9;
15  FLOAT RS_MQ9;
16  FLOAT MQ9RATIO;
17  DOUBLE CONCMQ9;
18  FLOAT PPMMQ9;
19  INT SUBAPI_MQ9;
20  FLOAT RLMQ9 = 5;
21  FLOAT MQ131_VOLT;
22  FLOAT RS_AIRMQ131;
23  FLOAT ROMQ131;
24  INT MQ131;
25  FLOAT RS_MQ131;
26  FLOAT MQ131RATIO;
27  DOUBLE CONCO3;
28  INT SUBAPI_MQ131;
29  DOUBLE CONCMQ131;
30  FLOAT RLMQ131 = 20;
31  INT MEASUREPIN = 3;
32  INT LEDPOWER = 10;
33  INT SAMPLINGTIME = 280;
34  INT DELTATIME = 40;
35  INT SLEEPTIME = 9680;
36  FLOAT VOMEASURED = 0;
```

```
37  FLOAT CALCVOLTAGE = 0;
38  FLOAT DUSTDENSITY = 0;
39  FLOAT PM25CONC;
40  INT SUBAPI_CO;
41  INT SUBAPI_O3;
42  INT SUBAPIPM10;
43  INT SUBAPI_PM25;
44  INT API;
45
46  UNSIGNED LONG STARTTIME;
47
48  UNSIGNED LONG TRIGGERONP1;
49  UNSIGNED LONG TRIGGEROFFP1;
50  UNSIGNED LONG PULSELENGTHP1;
51  UNSIGNED LONG DURATIONP1;
52  BOOLEAN VALP1 = HIGH;
53  BOOLEAN TRIGGERP1 = FALSE;
54
55  UNSIGNED LONG TRIGGERONP2;
56  UNSIGNED LONG TRIGGEROFFP2;
57  UNSIGNED LONG PULSELENGTHP2;
58  UNSIGNED LONG DURATIONP2;
59  BOOLEAN VALP2 = HIGH;
60  BOOLEAN TRIGGERP2 = FALSE;
61
62  FLOAT RATIOP1 = 0;
63  FLOAT RATIOP2 = 0;
64  UNSIGNED LONG SAMPLETIME_MS = 3000;
65  FLOAT COUNTP1;
66  FLOAT COUNTP2;
67
68  VOID SETUP() {
69
70    SERIAL.BEGIN(9600);
71    PINMODE(LEDPOWER,OUTPUT);
72
73    LCD.BEGIN (16,2);
74    LCD.SETBACKLIGHTPIN(3,POSITIVE);
75    LCD.SETBACKLIGHT(HIGH);
```

```
76
77    PINMODE(PINCS, OUTPUT);
78
79      // SD CARD INITIALIZATION
80      IF (SD.BEGIN())
81      {
82        LCD.PRINT("SD CARD IS");
83          LCD.SETCURSOR (0,1);
84          LCD.PRINT("READY");
85          DELAY(2000);
86      } ELSE
87      {
88          LCD.PRINT("SD CARD");
89          LCD.SETCURSOR (0,1);
90          LCD.PRINT("FAILED");
91          DELAY(2000);
92        RETURN;
93      }
94
95      LCD.CLEAR();
96      LCD.PRINT("PREPARING");
97      LCD.SETCURSOR (0,1);
98      LCD.PRINT("SENSORS..");
99      DELAY(30000);
100     LCD.CLEAR();
101     LCD.PRINT("DONE!");
102     DELAY(1000);
103   }
104
105   VOID LOOP() {
106
107   ///// CO MEASUREMENT /////
108    MQ9 = ANALOGREAD(A0);
109    SUBAPI_CO = GETSUBAPI_CO (MQ9);
110    LCD.CLEAR();
111    LCD.PRINT("SUB-API CO:");
112    LCD.SETCURSOR (0,1);
113    LCD.PRINT(SUBAPI_CO);
114
```

```
115    DELAY(3000);
116    LCD.CLEAR();
117
118 ///// O3 MEASUREMENT /////
119 MQ131 = ANALOGREAD(A1);
120 SUBAPI_O3 = GETSUBAPI_O3 (MQ131);
121
122 LCD.CLEAR();
123 LCD.PRINT("SUB-API O3:");
124 LCD.SETCURSOR (0,1);
125 LCD.PRINT(SUBAPI_O3);
126
127 DELAY(3000);
128 LCD.CLEAR();
129
130 ///// PM10 MEASUREMENT /////
131 SUBAPIPM10 = GETSUBAPI_PM10 ();
132
133 LCD.PRINT("SUB-API PM10:");
134 LCD.SETCURSOR (0,1);
135 LCD.PRINT(SUBAPIPM10);
136 DELAY (3000);
137
138 ///// PM2.5 MEASUREMENT /////
139 DO  {
140
141    GETPMCONC ();
142
143 } WHILE (PM25CONC <= 1);
144
145 SERIAL.PRINTLN(PM25CONC);
146
147 IF (PM25CONC <= 50)
148 SUBAPI_PM25 = PM25CONC;
149
150 ELSE IF (PM25CONC > 50 && PM25CONC <= 150)
151 SUBAPI_PM25 = 50+((PM25CONC-50) * 0.5);
152
153 ELSE IF (PM25CONC> 150 && PM25CONC <= 350)
```

```
154   SUBAPI_PM25 = 100+((PM25CONC-150) * 0.5);
155
156   ELSE IF (PM25CONC > 350 && PM25CONC <= 420)
157   SUBAPI_PM25 = 200+((PM25CONC-350) * 1.43);
158
159   ELSE IF (PM25CONC > 420 && PM25CONC <= 500)
160   SUBAPI_PM25 = 300+((PM25CONC-420) * 1.25);
161
162   ELSE
163   SUBAPI_PM25 = 400+ (PM25CONC-500);
164
165   DELAY (3000);
166   LCD.CLEAR();
167   LCD.PRINT("SUB-API PM2.5:");
168   LCD.SETCURSOR (0,1);
169   LCD.PRINT(SUBAPI_PM25);
170   DELAY (3000);
171
172   ////// API MEASUREMENT /////
173   INT API = SUBAPI_CO;
174
175   IF (SUBAPI_O3 > SUBAPI_CO)
176   {
177     API = SUBAPI_O3;
178     LCD.CLEAR();
179     LCD.PRINT("API: ");
180     LCD.PRINT(API);
181     LCD.PRINT(" <O3>");
182     LCD.SETCURSOR (0,1);
183   }
184
185   IF (SUBAPIPM10 > API)
186   {
187     API = SUBAPIPM10;
188     LCD.CLEAR();
189     LCD.PRINT("API: ");
190     LCD.PRINT(API);
191     LCD.PRINT(" <PM10>");
192     LCD.SETCURSOR (0,1);
```

```
193   }
194
195   IF (SUBAPI_PM25 > API)
196   {
197     API = SUBAPI_PM25;
198     LCD.CLEAR();
199     LCD.PRINT("API: ");
200     LCD.PRINT(API);
201     LCD.PRINT(" <PM25>");
202     LCD.SETCURSOR (0,1);
203   }
204
205   IF (SUBAPI_CO > API)
206   {
207     API = SUBAPI_CO;
208     LCD.CLEAR();
209     LCD.PRINT("API: ");
210     LCD.PRINT(API);
211     LCD.PRINT(" <CO>");
212     LCD.SETCURSOR (0,1);
213   }
214
215   IF (API <= 50)
216     LCD.PRINT("GOOD");
217
218   ELSE IF (API > 50 && API <= 100)
219     LCD.PRINT("MODERATE");
220
221   ELSE IF (API > 100 && API <= 200)
222     LCD.PRINT("UNHEALTHY");
223
224   ELSE IF (API > 200 && API <= 300)
225     LCD.PRINT("VERY UNHEALTHY");
226
227   ELSE IF (API > 300)
228     LCD.PRINT("HAZARDOUS");
229
230   MYFILE = SD.OPEN("API.TXT", FILE_WRITE);
231     IF (MYFILE) {
```

```
232    MYFILE.PRINT("SUB-API CO: ");
233    MYFILE.PRINTLN(SUBAPI_CO);
234    MYFILE.PRINT("SUB-API O3: ");
235    MYFILE.PRINTLN(SUBAPI_O3);
236    MYFILE.PRINT("SUB-API PM10: ");
237    MYFILE.PRINTLN(SUBAPIPM10);
238    MYFILE.PRINT("SUB-API PM2.5: ");
239    MYFILE.PRINTLN(SUBAPI_PM25);
240    MYFILE.PRINT("API: ");
241    MYFILE.PRINTLN(API);
242    MYFILE.PRINTLN(" ");
243    MYFILE.CLOSE();// CLOSE THE FILE
244     }
245   // IF THE FILE DIDN'T OPEN, PRINT AN ERROR:
246   ELSE {
247     LCD.CLEAR();
248     LCD.PRINT("SDCARD ERROR");
249     DELAY(1000);
250    }
251   DELAY(10000);
252
253  LCD.CLEAR();
254  LCD.PRINT("MEASURING AGAIN");
255  LCD.SETCURSOR (0,1);
256  LCD.PRINT("IN 5 MINUTES...");
257  LCD.BLINK();
258  DELAY (300000);
259  LCD.NOBLINK();
260
261  }
262
263  ///// FUNCTIONS /////
264  VOID GETPMCONC () {
265
266    VALP1 = DIGITALREAD(9);
267    VALP2 = DIGITALREAD(6);
268
269    IF(VALP1 == LOW && TRIGGERP1 == FALSE){
270      TRIGGERP1 = TRUE;
```

```
271       TRIGGERONP1 = MICROS();
272     }
273
274   IF (VALP1 == HIGH && TRIGGERP1 == TRUE){
275       TRIGGEROFFP1 = MICROS();
276       PULSELENGTHP1 = TRIGGEROFFP1 - TRIGGERONP1;
277       DURATIONP1 = DURATIONP1 + PULSELENGTHP1;
278       TRIGGERP1 = FALSE;
279     }
280
281   IF(VALP2 == LOW && TRIGGERP2 == FALSE){
282       TRIGGERP2 = TRUE;
283       TRIGGERONP2 = MICROS();
284     }
285
286   IF (VALP2 == HIGH && TRIGGERP2 == TRUE){
287       TRIGGEROFFP2 = MICROS();
288       PULSELENGTHP2 = TRIGGEROFFP2 - TRIGGERONP2;
289       DURATIONP2 = DURATIONP2 + PULSELENGTHP2;
290       TRIGGERP2 = FALSE;
291     }
292
293
294   IF ((MILLIS() - STARTTIME) > SAMPLETIME_MS) {
295       // INTEGER PERCENTAGE 0=>100
296       RATIOP1 = DURATIONP1/(SAMPLETIME_MS*10.0);
297       RATIOP2 = DURATIONP2/(SAMPLETIME_MS*10.0);
298       COUNTP1 = 1.1*POW(RATIOP1,3)-
      3.8*POW(RATIOP1,2)+520*RATIOP1+0.62;
299       COUNTP2 = 1.1*POW(RATIOP2,3)-
      3.8*POW(RATIOP2,2)+520*RATIOP2+0.62;
300       FLOAT PM10COUNT = COUNTP2;
301       FLOAT PM25COUNT = COUNTP1 - COUNTP2;
302
303   // PM10 COUNT TO MASS CONCENTRATION CONVERSION
304   DOUBLE R10 = 2.6*POW(10,-6);
305   DOUBLE PI = 3.14159;
306   DOUBLE VOL10 = (4/3)*PI*POW(R10,3);
307   DOUBLE DENSITY = 1.65*POW(10,12);
```

```
308   DOUBLE MASS10 = DENSITY*VOL10;
309   DOUBLE K = 3531.5;
310   FLOAT CONCLARGE = (PM10COUNT)*K*MASS10;
311
312   // PM2.5 COUNT TO MASS CONCENTRATION CONVERSION
313   DOUBLE R25 = 0.44*POW(10,-6);
314   DOUBLE VOL25 = (4/3)*PI*POW(R25,3);
315   DOUBLE MASS25 = DENSITY*VOL25;
316   FLOAT CONCSMALL = (PM25COUNT)*K*MASS25;
317
318   //SERIAL.PRINTLN(CONCSMALL);
319   PM25CONC=CONCSMALL;
320
321   DURATIONP1 = 0;
322   DURATIONP2 = 0;
323   STARTTIME = MILLIS();
324   }
325   }
326
327   INT GETSUBAPI_CO (INT MQ9_VALUE) {
328
329     INT SUBAPI_MQ9;
330
331     SERIAL.PRINT("MQ9=");
332     SERIAL.PRINTLN(MQ9_VALUE);
333     MQ9_VOLT=(FLOAT)MQ9_VALUE/1024*5.0;
334     RS_MQ9 = RLMQ9*(5.0-MQ9_VOLT)/MQ9_VOLT;
335     MQ9RATIO = RS_MQ9/0.18;   // RATIO = RS/R0
336
337     CONCMQ9 = POW((MQ9RATIO/25.387),(1/-0.501));;
338
339     SERIAL.PRINTLN(CONCMQ9);
340
341     IF (CONCMQ9 <= 9)
342     SUBAPI_MQ9 = CONCMQ9 * 11.11111;
343
344     ELSE IF (CONCMQ9 > 10 && CONCMQ9 <= 15)
345     SUBAPI_MQ9 = 100+((CONCMQ9-9) * 16.66667);
346
```

```
347    ELSE IF (CONCMQ9 > 15 && CONCMQ9 <= 30)
348    SUBAPI_MQ9 = 200+((CONCMQ9-15) * 6.66667);
349
350    ELSE
351    SUBAPI_MQ9 = 300+((CONCMQ9-30) * 10);
352
353    RETURN SUBAPI_MQ9;
354  }
355
356  INT GETSUBAPI_O3 (INT MQ131_VALUE) {
357
358    INT SUBAPI_MQ131;
359
360    SERIAL.PRINT("MQ131=");
361    SERIAL.PRINTLN(MQ131_VALUE);
362    MQ131_VOLT=(FLOAT)MQ131_VALUE/1024*5.0;
363    RS_MQ131 = (5.0-MQ131_VOLT)/MQ131_VOLT;
364    MQ131RATIO = RS_MQ131/5.28;   // RATIO = RS/R0
365
366    CONCMQ131 = POW((MQ131RATIO/26.291),(1/-
     0.868));
367
368    SERIAL.PRINTLN(CONCMQ131);
369
370    CONCO3= CONCMQ131/1000;
371
372    IF (CONCO3 <= 0.2)
373    SUBAPI_MQ131 = CONCO3 * 1000;
374
375    ELSE IF (CONCO3 > 0.2 && CONCO3 <= 0.4)
376    SUBAPI_MQ131 = 200+((CONCO3-0.2) * 500);
377
378    ELSE
379    SUBAPI_MQ131 = 300+((CONCO3-0.4) * 1000);
380
381    RETURN SUBAPI_MQ131;
382  }
383
384  INT GETSUBAPI_PM10 () {
```

```
385    INT SUBAPI_PM10;
386
387    DIGITALWRITE(LEDPOWER,LOW); // ON THE LED
388    DELAYMICROSECONDS(SAMPLINGTIME);
389
390    // READ THE DUST VALUE
391    VOMEASURED = ANALOGREAD(MEASUREPIN);
392    DELAYMICROSECONDS(DELTATIME);
393    DIGITALWRITE(LEDPOWER,HIGH); // OFF THE LED
394    DELAYMICROSECONDS(SLEEPTIME);
395
396    CALCVOLTAGE = VOMEASURED * (5.0 / 1024.0);
397
398    DUSTDENSITY=(0.15 * CALCVOLTAGE - 0.1) * 1000;
399
400    SERIAL.PRINT("PM 10 CONCENTRATION = ");
401    SERIAL.PRINT(DUSTDENSITY);
402    SERIAL.PRINTLN(" UG/M3");
403
404    IF (DUSTDENSITY <= 50)
405      SUBAPI_PM10 = DUSTDENSITY;
406
407    ELSE IF (DUSTDENSITY>50 && DUSTDENSITY<=150)
408      SUBAPI_PM10 = 50+((DUSTDENSITY-50) * 0.5);
409
410    ELSE IF (DUSTDENSITY>150 && DUSTDENSITY<=350)
411      SUBAPI_PM10 = 100+((DUSTDENSITY-150) * 0.5);
412
413    ELSE IF (DUSTDENSITY>350 && DUSTDENSITY<=420)
414      SUBAPI_PM10= 200+((DUSTDENSITY-350) * 1.43);
415
416    ELSE IF (DUSTDENSITY>420 && DUSTDENSITY<=500)
417      SUBAPI_PM10= 300+((DUSTDENSITY-420) * 1.25);
418
419    ELSE SUBAPI_PM10 = 400+ (DUSTDENSITY-500);
420
421    RETURN SUBAPI_PM10;
422  }
```

Milton Keynes UK
Ingram Content Group UK Ltd.
UKHW010852280324
440101UK00001B/205